差异的中间地带

比较与互鉴的社会学研究

胡晓昀　著

北京出版集团
北京出版社

图书在版编目（CIP）数据

差异的中间地带 ： 比较与互鉴的社会学研究 / 胡晓昀著 . — 北京 ： 北京出版社，2023.8
ISBN 978-7-200-18135-7

Ⅰ. ①差… Ⅱ. ①胡… Ⅲ. ①社会学—研究 Ⅳ. ① C91

中国国家版本馆 CIP 数据核字（2023）第150038号

责任编辑：董拯民　张　颖
责任印制：燕雨萌
封面设计：胡晓昀

差异的中间地带

比较与互鉴的社会学研究

CHAYI DE ZHONGJIAN DIDAI

胡晓昀　著

*

北 京 出 版 集 团
北 京 出 版 社　出版

（北京北三环中路 6 号）

邮政编码：100120

网　　址：www.bph.com.cn

北 京 出 版 集 团 总 发 行

新 华 书 店 经 销

北京盛通印刷股份有限公司印刷

*

710毫米 × 1000毫米　　16 开本　　17.75 印张　　185 千字
2023 年 8 月第 1 版　　2023 年 8 月第 1 次印刷

ISBN 978-7-200-18135-7

定价：68.00 元

如有印装质量问题，由本社负责调换

质量监督电话：010-58572393

自 序

　　社会学缘起于最古老的学科，现而今焕发新机，迎接着新世界的到来。经历诸多性质和影响力各异的思想支流，在不同的时空位置的并入，它不断改道和变迁，并继续惠泽新兴的学科和现代社会生活，俨然形成一片美丽而独特的"流域"。

　　笔者不敢妄言社会学是什么，只能用这样一段话来形容它，使读者了解一个社会学学生眼中的学科面貌。笔者认为接受教育就是内化社会生产的知识并反作用到社会的过程，见解和大部分同年龄段的人很像，在描述现实的同时还有些理想主义，事实上这也是笔者选择这个学科作为专业的原因。

　　社会学的确以包容性见长，称得上是百家争鸣。无论如何，社会理论仍以西学为主，对学习者而言，理论家探讨的问题背后是迥然不同的思想传统和历史地理基础。而很多晚近的社会学家做了综合的工作，是因为他们的学术思想不受国界限制。不同国家的学者使用同样的模型，比较式的研究才能够形成，这是描绘社会学历史的一条主线。本书区别于主流学术产品对同一派别，甚至同一位理论家不同时期作品的比较分析，笔者整理了社会学知识体系内部几个重要的不同时期、地域和思想派别，梳理理论家产生不同认识的原因，以及依次出现的几种社会学研究方法论的差异，整体性地描绘出前人建构的社会学图景（见本书第一章和第二章）。思考得越专，阅读受众的圈子就越窄，互鉴的难度也越大，因此这种"天马行空"的"比较"是第一步。

描绘社会学的面貌不等同于描绘社会的面貌，理论和经验难以达成一体两面，这是学术研究容易被诟病的问题。在中国研习社会学，必然要面向中国的现实状况，将理论和方法"落地"。从理论出发选取分析视角，考察所在社会的现实状况，这是"比较"之后"互鉴"之前的一步。待到思维和物质世界的复杂状况都进入研究者的脑海之后，需要再次回归理论，这时便可以容纳多学科领域，真正达到"互鉴"（见本书第四章）。

至此，社会学的研究对象可以是无垠的理论宇宙，也可以是广袤的经验现象，每一个研究都不是纯粹的社会学，或者说就不存在"纯粹社会学"的概念。汉语中用"井底之蛙"来比喻见识狭隘之人的悲哀，但承载历史厚度的人真的能解缚自己的思考吗？还好，人们大都处在这两种极端状况之间，处在差异的中间地带，那么比较与互鉴也许会是我们的出路。这时，"社会学是什么"就不再是我们的困扰。

是为序。

胡晓昀

2023 年 4 月 10 日

目录

第一章　社会理论纵横

古典理论：

用"距离"视角从古典望向现代——格奥尔格·齐美尔和马克斯·韦伯的思维路径分析。

时代交界：

心理自我与人类社会——乔治·米德和西格蒙德·弗洛伊德思想比较。

现代理论：

从资本主义精神到文化矛盾——以丹尼尔·贝尔的观点为主，以马克斯·韦伯的观点为客。

古典理论：
用"距离"视角从古典望向现代
——格奥尔格·齐美尔和马克斯·韦伯的思维路径分析

一、"社会"何以可能

　　社会学的核心无疑是"社会"，古典社会理论家、德国社会学家格奥尔格·齐美尔（也有翻译为西美尔）对"社会是如何可能的"的发问也成了社会学界定自身的发问。齐美尔基于德国古典哲学创始人伊曼努尔·康德的理论，以一种先验认识的角度论述个人与社会的关系。个体是内部个体性与外部社会性的综合统一体，这种统一性还体现为人是"社会"这个有机体的组成部分，人在两种属性之间摇摆并成为社会的要素，在互动和联结之中，把自己社会化；在整合进社会中造就了"完善的社会"的面貌。①

二、距离是跨越二元对立的桥梁

研究的视角和方法需要在哲学意义上实现从意识到实在的对接，在社会学意义上，我们需要讨论从经验到社会理论的建构的问题。齐美尔之所以将形式与实质、科学与艺术、形式与生命做到统一，本质上因为理论本身的主客观融合的特性。而越宏大的理论越容易被认为是哲学的，招致不够科学、太意识形态化的批评；微观和实践取向的理论（不如称其为结论）也被认为不可取，因为实用性不是社会科学的全部。美国社会学家赖特·米尔斯说，"社会科学中的混乱既是道德上的也是'科学上的'，既是政治性的也是学术性的"②。但齐美尔却说这只是形式的差别，距离的放缩，不是实质的不同，因为"在距离视角之下，你喜欢它有多大，它就有多大"③。

在距离视角下，可以解释为什么一些理论家在百年后仍然能被屡次提起并做讨论。因为他们面对不同的问题时，会把自己的概念建构和经验现实的距离做一些方法层面的处理，其认识框架会或明或暗地有一种分寸感。例如，韦伯在《新教伦理与资本主义精神》一书中特意区分了价值中立和价值判断，尽管韦伯试图达到价值中立，但在他

---

① 齐美尔：社会是如何可能的？，广西师范大学出版社，第 371—376 页。

② C. 赖特·米尔斯：社会学的想象力，生活·读书·新知三联书店，第 82 页。

③ 何健，张凤翥："距离"：格奥尔格·齐美尔的社会理论之眼，《社会学研究》2022 年第 4 期。

做出"铁笼"隐喻时，其价值判断已经昭然若揭，而且韦伯"对禁欲主义的新教……的文化意义做出量化评价"是有憧憬的。[①] 中立的态度本身是一种相对主义，但一种确切的判断让韦伯的历史分析能够避免相对主义的弊端。同理，韦伯在《科学作为天职》的演讲中，为科学设置了一个不断超越的使命，但是科学作为一种事业，它本身就是不可被超越的永无止境的事业，一切认识上的完善都有赖于科学的进一步推进。[②] 因此，韦伯和齐美尔既不是在宏观和微观的中间取一个中观，也不是把功能与冲突混用以达到某种调和，他们真正的相像之处在于"用相对来追求绝对"，也是用主观来追求客观，用无限来追求有限。[③]

之所以造成这种结果，笔者认为这和他们的张力有关系，齐美尔是犹太人却信仰基督教；韦伯的母亲是禁欲的加尔文教徒，而父亲的生活方式倾向于享乐，韦伯的父母对文化身份的笃信与阶层意识之间呈现出一种无法化解的张力，导致韦伯患上了精神分裂症。[④] 韦伯和齐美尔在各自的生命中要面对复杂甚至时而矛盾的生活，这也给他们赋予了更多反思。

迷思感、吊诡之处与这种"跨越之法"，往往在具体的社会制度中显现。某种文化为人设置一种无限，是为了在这有限的生命中实现超

①　马克斯·韦伯：新教伦理与资本主义精神，群言出版社，第 276 页。

②　马克斯·韦伯：科学作为天职，生活·读书·新知三联书店，第 18 页。

③　何健，张凤羲："距离"：格奥尔格·齐美尔的社会理论之眼，《社会学研究》2022 年第 4 期。

④　乔治·瑞泽尔：古典社会学理论，世界图书出版公司，第 211—212 页。

越，"这种置身今世之中但又是为了来世而完成的行为的理性化，正是禁欲主义新教天职观带来的结果"①。但这种超越性和尼采不同，是有的放矢，有所追求，且有所超越的。

一些文化让人们认为柴米油盐、婚丧嫁娶不再是其生命的必需品；一些教义让人想要获得恩宠，摆脱肉体的堕落；一些信仰又会让人去承担家庭义务，平衡考量现实。特定文化设定出来的界限表现为行为规范的形式，它所标志的无限超越了人的一生。当它改变了一个人对自己有限生命的看法时，就赋予了这个人跨越所谓俗世之人所认为界限的可能。

三、靠近真相的艺术

以距离做尺度来靠近真相，这种观点本身是建立在一定的哲学基础上的。如果真相真正存在，问题就是如何通过人们的不断认识来还原它的本质。

学界对特定主题的研究可以分为思想史和社会史两个方向，当人们默认这两个方向互不干涉时，造成的结果是生活世界与观念世界的远离。而本质或真相，并不存在于任何一种被割裂的世界中。②因此，如何在经典文本与事实现象之间建立起世界图景是研究的关键点。陈寅恪曾感慨，"今日自身之哲学史者也。其言论越有条理统系，则去古

---

① 马克斯·韦伯：新教伦理与资本主义精神，群言出版社，第 255 页。
② 圣凯：佛教观念史与社会史研究方法论，宗教文化出版社，第 89—97 页。

人学说之真相越远"①。处理古人思想的脉络是一件很容易遮蔽历史复杂性的事情，越具有条理化特点的叙述反而越有可能远离了历史真相，陷入形而上学的观念世界之中。那么，做什么样的研究才称得上科学？

在不断构建理论的知识观角度，当研究者开始在经验观察的基础上，试图确立自己的思维建构的意义时，齐美尔使用"第二距离"这个概念，避开了现象与本质这种二元论式的思维。②韦伯在广泛地比较社会类型的研究中也有这样的感慨。实质上两人都认为研究者需要把世界对象化，并建立起距离感。哲学人类学的论述则在更抽象的精神层面表达了类似的观点，基于自我意识对人的本质特点做出了分析："人不仅能够把'周围世界'扩展进'世界'存在的范围，把'抵'抗'对'象化，而且还能够把他自己的生理的和心理的状态与任何单个的心理体验重新作为对象来对待。只有这样，他才能够把他的生活从他自己中抛离出来。"③

在实在的关系与运动中，如果研究者试图考察行动者的行动实践意义，需要认识到由于现代社会主客体之间的距离割裂了某种直接统一性，对象化是在接近与远离的张力中实现的。④齐美尔认为研究者容易犯错的地方是，没有意识到"对象自身需要我们去判断他们，但具体长度不是对象给出的"，研究者不能拿着自认为经历了多次比较形成

① 冯友兰：中国哲学史（下），商务印书馆，第 604 页。
② 西美尔：西美尔文集：哲学的主要问题，上海译文出版社，第 38 页。
③ 马克思·舍勒：哲学人类学，北京师范大学出版社，第 138 页。
④ G. 齐美尔：社会美学，上海三联出版社，第 230 页。

的标准化的概念，赋予事物一个绝对客观的尺度。[1] 韦伯也指出，"必须把将经验实在化约到'法则'上当作科学的研究工作的理想目的，这个想法是没有意义的"，人不可能全然地认识实在的复杂全貌，在这一过程中需要关联一种普遍性的"文化价值"，在无限的实在中找到有限的有意义的部分，在值得认识的意义上就是"具有本质性的"。[2]

齐美尔把"陌生人"作为他"距离"概念相对具象化之后的理论概念，这是在他所处的历史与社会环境中，基于个性与社会性的认识，齐美尔认为人际互动是一个值得关注的角度。这里存在一个理论和现实有张力的地方，正如笔者上文所述，齐美尔的距离概念之所以着力于使用一个极具现代流动性的"陌生人"概念，就是因为他的认知中存在一个时代性的默认前提——"在所谓现代或后现代的情境中，诸神早已失去往日的整合能力"。[3] 那么，这符合中国的情况吗？中国人重人情世故，丧礼、结婚，通常朋友都会来。沿着这个思路可以联想到历史上中国人的商业性格，或是中国固有的一种经济伦理，但这种品格并不以资本主义的生产关系作为前提，而且新教伦理和职业伦理都有非人格化的色彩，这和中国传统中一直延续到现代的感情性的"伦

---

[1] 西美尔：货币哲学，华夏出版社，第 27 页。

[2] 马克斯·韦伯：社会科学的与社会政策的认识之"客观性"，联经出版事业股份有限公司，第 205、第 207、第 196 页。

[3] 何健，张凤耆："距离"：格奥尔格·齐美尔的社会理论之眼，《社会学研究》2022 年第 4 期。

理"是不同的。① 在海上丝绸之路时代，高风险高回报的出海贸易需要一种特定的精神状态做准备，这种精神状态所打造出的生活样式，使现代人所说的合伙制、股份制早在一千年前就已存在。② 由此可以引出更多的问题，社会的发展、现代人的处境，究竟与文化信仰之间保持了一个怎样的距离？对于这个问题的回答需要从中西方的差异性入手，因为不同的经验现象，能对理论本身产生直接建构上的区别。当韦伯试图去确立投入工作并找到自己的价值观时，其认识是建立在现代世界祛魅的经验基础上，立足于官僚制度化经营的特点，进行新路径的思考的。③ 齐美尔的认识是建立于货币经济在现代社会中发挥核心作用的基础上，立足社会关系的角度，寻找能够有效发挥作用的交往形式。④⑤⑥

总之，任何一种视角都不具备绝对的完备性，任何一种结论都有它适用的距离和尺度。最理想的状态是，研究者在相对和绝对中找到一个平衡，把自己和研究对象都对象化，将本质认识展现出来。

---

① 马克斯·韦伯：新教伦理与资本主义精神，广西师范大学出版社，"正文"第86—87页，"附录"第250—251页。
② 马克斯·韦伯：新教伦理与资本主义精神，群言出版社，第176页。
③ 马克斯·韦伯：科学作为天职——韦伯与我们时代的命运，生活·读书·新知三联书店，第46、第342页。
④ G.齐美尔：大都会与精神生活，桥与门——齐美尔随笔集，上海三联书店，第259、第267、第275、第278页。
⑤ 西美尔：货币哲学，华夏出版社，第17—20页。
⑥ G.齐美尔：社会学：关于社会化形式的研究，华夏出版社，第256页。

时代交界：
心理自我与人类社会
——乔治·米德和西格蒙德·弗洛伊德思想比较

美国社会学家乔治·米德和奥地利心理学家西格蒙德·弗洛伊德同先前的理论家不同之处在于他们是探讨"自我"，关注心理取向的学者；是论述主题比较集中的理论家。笔者关注米德和弗洛伊德思想的人性观不同，和某种历史必然的理论倾向相同。

本文的主要分析材料来源于两本著作，即《心灵、自我与社会》和《一种幻想的未来文明及其不满》，把哲学人类学当成思考它们共性的基础，主要借鉴了马克思·舍勒所写的《人在宇宙中的位置》一文，按照米切尔·兰德曼的说法，舍勒是把哲学人类学拉入研究视域的重要人物之一。米德和弗洛伊德的理论乍一看不同，米德有美国实用主义的底色，从心理学角度来说，属于行为主义；弗洛伊德是精神分析流派，做非理性层面的意识研究。尽管后人给他们贴的标签不同，但不能忽视的一点是两人的生活时间几乎重合，且都关注人，尤其关注人的内在和心理，研究主题较为相近。

一、生物进化论的影响

米德对进化思想的运用体现在"自我"的发展过程中，而弗洛伊德对进化思想的吸纳则体现在"自我"概念的内部或压抑的发生学意义上。

（一）米德

"自我是逐步发展的；它并非与生俱来，而是在社会经验与活动的过程中产生的"①。自我是动态发展变化的，这就暗含了进化的思想。为了论证这个观点，在"自我产生的背景"米德自我的起源追溯回儿童的活动中，以说明有机体传达意义时的"姿态"唤起他人态度，在"玩耍、游戏、泛化的他人"中，分析儿童建立自我的具体过程，虽然题目叫"玩耍、游戏、泛化的他人"，但是上述只是米德上课的时候推导理论用的案例而已，后面的提法才是真正的概念。当人们进入社会，面对社会组织和群体的结构性态度时，需要将自己置于泛化的他人的位置，以真正融入社会共同体中。

---

① 乔治·H.米德：心灵、自我与社会，上海译文出版社，第120页。

其中，特别体现着自我适应性、进化性的一面是主我，"'主我'
的反应包括适应性变化，而适应性变化不仅影响自我而且影响帮助构
成自我的社会环境；即，它意味着一种进化观，在进化中个体既影响
它自己的环境，又受环境的影响"①。米德的自我是一个面不是一个点，
米德更重视自我的动态发展。既然自我能够在和环境的互动中完成社
会化，自我就是可塑的，这种思维和行为主义以及达尔文主义都很
相近。

（二）弗洛伊德

当兰德曼对理性脉络进行哲学人类学意义上的梳理时，他关注到
非理性认识和心理的重估问题，在他看来，承认达尔文主义的是心理
学。以弗洛伊德为代表的心理学同达尔文主义有亲和性，"然而，达
尔文主义成功地被承认的深层根源却是心理学的。所有的文化向我们
提出要求：人成为人，成为从非自然产生的东西。……文化是如此不
可缺少，它一直在压制我们。弗洛伊德称之为'文化的病态'。在人
的内在深处，潜伏着反抗文化的怨意。憎恨文化只是人类基本的自我
憎恨。……毫无疑问，当一种理论出现时，它总答应减轻人类的负
担。……因而，达尔文主义也成功了：人似乎终于从高贵行为理应履
行的行为准则中解脱出来，人似乎终于允许让自己从一度气喘吁吁登

---

① 乔治·H.米德：心灵、自我与社会，上海译文出版社，第190—191页。

上的陡峭顶峰上重新跌落下来，谢天谢地，我们的确是类人猿"①！

文化让人超越自然、超越重重局限，让人成为地球上独一无二的存在，但代价是人们的心理进入某种病态。因此，为了解除这种病态就需要一种把人拉下神坛的理论，后果是贬损人本身的价值。

二、哲学人类学之理论整合

（一）米德：提供"精神"的本质——对象化存在与自我意识

通过自我的对象化，达到"生命"中心的深刻意涵，舍勒认为正是它给予人在所有有生命物种中一个特殊地位。

"'精神'本质的基本规定便是它存在的无限制、自由，……与'生命'乃至一切属于'生命'的东西，即也与它自己的冲动理智的可分离性。本来它也被赋予了对环境的'抵抗'和反应中心，动物便是欣喜若狂地消融在其中；而它有能力把这些中心上升为'对象'，能原则上自己去把握这些'对象'的具体存在。"②

以上内容说清楚了自由和对象化的基本内涵，对于研究米德所能提供的是舍勒提出的第二、第三个分支概念——对象化和自我意识。"对象状态是'精神'的逻辑方面最形式化的范畴"③。

---

① 米切尔·兰德曼：哲学人类学，中国工人出版社，第 202 页。
② 马克思·舍勒：哲学人类学，北京师范大学出版社，第 135 页。
③ 同上，第 137 页。

舍勒对对象化概念的具体分析，建立在人和动物的对比之中。"精神的行动，如同人所能完成的行动般，与动物身体先验模式及其内容的简单反馈相反，极其紧密地与反射行为的第二维和第二个阶段相关联……或曰'自我意识'。……动物没有自我意识。它并不占有自身，不能支配自身——因此也没有意识到自己。原始的冲动抵抗的聚精会神、自我意识、对象化的能力和可能性，构成一个独一无二的不可割裂的结构。随着这个自我意识的发现，人的第二个本质特征出现了：人不仅能够把'周围世界'扩展进'世界'存在的范围，把'抵'抗'对'象化，而且还能够自己把他自己的生理的和心理的状态与任何单个的心理体验重新作为对象来对待。只有这样，他才能够把他的生活从他自己中抛离出来。"① 当动物有机体的反馈达到第二次时，"人在自我意识和他的全部心理过程的对象化能力中，则已第三次回复自身，所以人身上的人本身必须被设想为一个远远超越有机体与周围环境的对峙的中心"②。有了对"中心"的设想，才能达到舍勒解释人之为人的哲学人类学目的。"那个精神在其中，在有限的存在范围内现象的行为中心，以严格区别于一切功能性的'生命'中心。从内部来看，这些'生命'中心也叫作'灵魂'的中心。"③

---

① 马克思·舍勒：哲学人类学，北京师范大学出版社，第 138 页。
② 同上，第 140 页。
③ 同上，第 135 页。

（二）弗洛伊德：提供"精神"的基本行动——观念化的本质认识

催眠、潜意识、本能、压抑和控制在舍勒看来，与"精神"相连。

"我们必须结合人的某些罕见的亢奋状态来讨论——如催眠之后静息下来，摄入某些麻醉品时，以及在某些使精神麻木的技术的前提下，如一切形式的狂欢纵欲时"[①]，找出这些特殊状态就是让有自我意识的人类短时间内放弃这种意识，用弗洛伊德的概念就是躲过超我的审查机制，才能探寻潜意识领域的状况。

舍勒认为要深刻研究哲学人类学中赋予人地位的"精神"概念，需要观照到它具体的行动和人的行为。"我们就必须设想行为的构造导致观念化的行为。人有意识或无意识地实施着一种可尝试着形容为现实性格的扬弃的技巧。"[②]这种行为主要体现在人们的抵抗之中，"在此给予我们的，确实对已开发的世界范围的抵抗体现——而抵抗只对我们追求着的、我们集中的生命欲而存在。本真的现实体验作为'对世界的抵抗'的体验，先于一切意识、一切现象、所有知觉"[③]。可以看出，舍勒对抵抗的处理是心理层面的，是一种体验，这就为哲学人类学讨论弗洛伊德的理论提供了接口。

抵抗"这个行为只有我们称之为精神的存在才能完成"[④]。和动物

---

① 马克思·舍勒：哲学人类学，北京师范大学出版社，第138页。
② 同上，第148页。
③ 同上，第149页。
④ 同上，第150页。

相比，人是"'生命的苦行者'……弗洛伊德在他的《超越快乐原则》中，也这么认为。并且，只是因为人是'抑制本能者'，人才能够通过一个观念的思维王国来构筑他的知觉世界……另一方面，人能给栖居于他身上的精神源源不断地输送现在被排挤开的本能的能量。这就等于说：人能够把他的才能中的能量升华为精神的行动"①。

舍勒对弗洛伊德的理解是，这种本能的压抑恰恰体现着人的那种独特的"精神"在发挥作用，即压抑不是一个纯粹生物学意义上的应激反应，而是人的能动性行为，它背后有整个人类社会来提供意义，由此，达成升华的效果。"引发本能压抑的，正是精神。……把合适于观念和价值的想象放到本能面前，旨在以这样的方式来协调本能冲动，实施以精神为前提的意志工程。上述基本过程我们称之为控制，它的组成部分是给本能运动'设置阻碍'和'排除阻碍'……赋予精神以活力。理所应当地称得上生命向精神的升华"②。

舍勒和弗洛伊德注重"控制"和"升华"概念的运用③。舍勒借鉴了弗洛伊德的思想成果，但舍勒把这种偏为消极的理论积极化，构成了哲学人类学想要追寻的人的本质概念，能够赋予人特殊地位的"精神"④的基本行动。

---

① 马克思·舍勒：哲学人类学，北京师范大学出版社，第151页。

② 同上，第157页。

③ 关于弗洛伊德对控制和升华的具体文本论述，笔者在后文"思想分野"部分的小标题（一）："社会强制力"中有具体展开。

④ 马克思·舍勒：哲学人类学，北京师范大学出版社，第132、第134页。

三、心理学和"社会"的融合

米德认为,心灵活动存在社会性,态度在姿态中反映了价值,共同体为自我的发展提供情境。因此,"存在一个自我从中产生并在其中进一步演化、发展、组织的社会过程"[①]。社会组织的组成部分也可以被视为"自我",这使米德的自我概念变成一个广义的,能够应用于社会,而不仅是个人的、狭义的自我概念。"人类发展其心灵或智能的生理学能力是生物学进化过程的产物,正如整个机体一样;但是有了这种能力,心灵或智能本身的实际发展必须通过社会情境而进行,它从社会情境获得表现并输入其中;因此它本身是社会进化过程、社会经验与行为过程的产物。"[②]

笔者认为,因为弗洛伊德的自我、人格理论关注个体、本能心理,这有个人化的嫌疑,但也应看到他中后期对人类文明和社会特殊意识形态等方面的认识和分析,在这个层面上,他将心理学概念同更广泛的社会和人类范畴关联起来。如果文明对于人类没有这么强的强制力,对本能没有压制,那么人就不会对文明感到不满,在弗洛伊德精神分析的逻辑下,人类早期阶段的自我感觉就不会出现。因此,弗洛伊德在探讨这种社会普遍性的自我压抑时,也将社会,即人类整体的文明置于自我感觉发生之前。

---

① 乔治·H. 米德:心灵、自我与社会,上海译文出版社,第 146 页。
② 同上,第 200 页。

四、思想分野

当米德和弗洛伊德把他们的自我社会学概念带入社会事实和文明进程中时，有积极和消极这两种截然不同的价值取向。

（一）社会强制力

米德曾谈到道德、社会特殊意识形态、共同体、政治……强调人有义务感、责任，来理解自己在团体中的角色。"'客我'本质上是一社会群体的成员，并因而代表着该群体的价值观，代表着该群体使之成为可能的那种经验。它的价值观是该社会所有的价值观。在某种意义上这些价值观是最重要的价值观。这些价值观在某些极端的道德和社会特殊意识形态环境下号召自我为整体而牺牲。没有事物的这一结构，自我的生活将成为不可能。"[①] 米德认为个人在正常情况下由于客我的作用会接受社会控制力，顺畅地完成社会化，但自我中的"主我"部分则是个人发挥个人能动性的体现，"正是这样一种反应使他高出于按惯例行动的个体"[②]。米德的自我概念是一个充分辩证的人格概念，相较而言，弗洛伊德对自我的论述就比较单一化。

在"突现的自我的社会创造力"中，米德用价值观来解释艺术家、科学家等特殊职业群体的行动动机，弗洛伊德也讨论了这些角色，但他在"一种幻想的未来"中认为，人面对社会（文明）控制时，一定

---

① 乔治·H.米德：心灵、自我与社会，上海译文出版社，第 190 页。
② 同上，第 187 页。

是不满的，无助产生愿望，愿望产生幻想①，幻想又不能真正消除痛苦，因此人们对文明依然不满。艺术家和科学家的行动是一种"本能的升华"作用，在更大的层面上属于"力比多的移置"②，这背后也涉及人怎么在高度发展的文明中，处理被压抑的本我："如果人们能从大量参加心理活动和智性活动的根源中产生快乐，他们就能得到最大的收获。如能这样，命运对人也几乎无能为力。艺术家在创作和表达幻想的过程中得到快乐，科学家在解决问题或发现真理的过程中感到快乐。"③

（二）自我的压抑

人面对社会强制力时自我受到压抑，米德的主我、客我概念是他自我理论的核心，而这两个概念和弗洛伊德思想的相关性就体现在他们对压抑的共识上："如果用弗洛伊德的术语，'客我'在某种意义上是种潜意识压抑力。"④但米德把受压抑的个体看作少数⑤，而不是弗洛伊德那里文明中人的普遍现象。进一步来讲，米德对精神因素的探讨是建立在群体和国家共同体基础上的，弗洛伊德则没有把人类再次拆分为不同组织和社群进行讨论。

---

① 幻想的形式包含社会特殊意识形态、政治规则、宣扬平等的社会文化等，都是幻想的结果，也是文明的财富。

② 弗洛伊德：一种幻想的未来文明及其不满，河北教育出版社，第 71 页。

③ 同上，第 72 页。

④ 乔治·H. 米德：心灵、自我与社会，上海译文出版社，第 186—187 页。

⑤ 同上，第 193—194 页。

（三）社会特殊意识形态的作用

米德因为关注共同体归属感对其成员的效果，探讨了社会特殊意识形态共同体的作用；弗洛伊德因为发现文明的心理财富来源于文化理想、艺术带来的满足，以及广义的社会特殊意识形态观念。广义的社会特殊意识形态观念是重要的一条，它就是所谓"文明的幻想"。这两个观点不同的出发点，带来了两种不同的结论——有用或无用的社会特殊意识形态。

社会特殊意识形态对米德而言，是为人提供不可缺少的"归属于共同体的感觉"[①] 的经验的东西，但社会特殊意识形态在弗洛伊德看来只是一种"大众性妄想"[②]，除了让人免受个体精神疾病的折磨之外就没有什么作用了[③]。

（四）文明的影响

笔者认为米德和弗洛伊德诸多看法的不同，背后是对人类文明发展对个人影响的认识分歧。

弗洛伊德认为文明程度越高，人越受控制和压抑，"在我看来，人类最重要的问题似乎在于，他们的文化发展是否可以，以及将在多大程度上成功地控制人类的进攻本能和自我破坏性本能对其社会生

---

① 乔治·H. 米德：心灵、自我与社会，上海译文出版社，第194—195页。
② 弗洛伊德：一种幻想的未来文明及其不满，河北教育出版社，第73页。
③ 同上，第76页。

活造成的干扰"①。

　　米德认为文明程度越高个体越解放，心灵受到的社会控制越小，创新力越强。"与文明社会相比，在原始社会，个性由特定社会类型多少完善的成就构成，这个类型在社会行动的有组织形式中、在特定社会群体所展示和坚持的社会经验与行为过程的整体关系结构中已经给定、指出和说明；相反，在文明社会中，个性则由偏离或有所修改地实现任何特定社会类型而不是避奏这一类型构成的，与原始社会相比，这里的个性往往是更为显著、卓越而独特的。"②

---

① 弗洛伊德：一种幻想的未来文明及其不满，河北教育出版社，第 127 页。
② 乔治·H. 米德：心灵、自我与社会，上海译文出版社，第 196—197 页。

现代理论：
从资本主义精神到文化矛盾
——以丹尼尔·贝尔的观点为主，以马克斯·韦伯的观点为客

一、资本主义文化矛盾

（一）是什么

　　广义的资本主义文化矛盾是指，工业社会的特有品格有赖于经济与节俭原则，即追求效率，讲究低成本、高利润、最优选择和功能合理性。然而，就是这种特有品格与西方世界领先的文化潮流发生了冲突，因为现代主义文化强调反认知和反智模式，它们都渴望回到表现最初的本能。一方强调功能理性，专家决策，奖勤罚懒；另一方强调天启情绪和反理性行为方式。正是这种脱节现象构成了西方所有资产

阶级社会的历史性文化危机，这种文化矛盾将作为关系到社会存亡的最重大分歧长期存在下去。

狭义的资本主义文化矛盾是指，在前工业社会，清教精神与现代主义之间的矛盾（禁欲和自我解放。在广义的文化角度，主体哲学代替了传统神学，在社会特殊意识形态自身的变异上，由新教伦理完成这一步转变）；在后工业社会，以当时的美国为例，现代主义与"新资本主义"之间仍存在更深层次的矛盾。

在资本主义精神中相互制约的两个基因，只剩下经济冲动力，社会特殊意识形态的冲动力已经被社会结构的迅猛发展耗尽了能量。在《资本主义文化矛盾》导论中，作者指出现代社会用乌托邦来代替社会特殊意识形态；在该书第一章"意志的胜利"部分，作者指出人用超越（超人）的姿态抛弃了一切限制自我发展的东西。所以，现代主义的真正问题是信仰的问题。

（二）产生的原因

笔者认为可以只用贝尔的分析范式，即社会—经济结构领域和文化领域之间中轴原理的不同所产生的社会领域之间的断裂来解释资本主义文化矛盾的原因，这样解释的理由有二：第一，从作者的理论脉络来分析，贝尔在《后工业时代的来临》中为了分析后工业社会将社会划分为社会结构、政治和文化三个领域。而在《资本主义文化矛盾》一书的第一编第一章中详细论述了文化和社会结构这两个领域内部和各自的发展谱系，它们各自发生的重要转折。贝尔在这里试图为我们指出的问题是，尽管这两个领域都经历了长时间的变迁，但始终存在断裂。尤其是到了后工业社会更是不可调和，现代性的发展反而加剧了三个领域的结构性的断裂（原则性的矛盾），所以引领国家走向后工业社会[①] 的资本主义社会中有潜在的危机。这种危机以"文化矛盾"的形式存在，就是因为文化的意义在于借助内聚力来维护本体身份[②]，用埃米尔·涂尔干等人的功能论话语就是"创造社会团结"，一旦文化提供的思维模式矛盾于技术—经济社会结构发展的逻辑时，强大的"文化冲动力"[③] 就为社会革命创造了条件。因此，被尤尔根·哈贝马斯称为"新保守主义"[④] 的贝尔，把希望寄托于文化领域的社会特殊意识形态，希望完成一个新的生命意义的革命。第二，从作者的具体论述逻辑的角度可知，《资本主义文化矛盾》一书中涉及的如文化领域的反叛、现代性进程带来的诸多技术要素发展和新资本主义等都属于经济—技术的社会结构领域，或具有相对独立性的文化领域。下面将展开论述，社会各领域的断裂及其背后中轴原理的不同何以成立。

[①] 在当时贝尔进行创作的 20 世纪 70 年代初，美国被认为是唯一的后工业社会，在《资本主义文化矛盾》中主要呈现的是美国的发展情况，如美国社会的清教精神和新教伦理的两位代表人物，以及美国小城镇的变化等。

[②] 丹尼尔·贝尔：资本主义文化矛盾，生活·读书·新知三联书店，第 81 页。

[③] 同上，第 79 页。

[④] 高宣扬：后现代论，中国人民大学出版社，第 117 页。

二、社会各领域间的断裂

贝尔认为"社会结构—文化"的轴心原则之间存在本质性的矛盾，而社会结构和文化之间的断裂、冲突，就来源于资本主义经济体系本身的活动，这是一种自反性的逻辑。而贝尔所谓社会各领域间的"断裂"[①]，这本质上又是一种非常现代性哲学的思考。

（一）文化变革的谱系

在贝尔看来，文化具有一定的独立性、指导性，按照时间脉络梳理如下：

（1）至 19 世纪中叶，反资产阶级的文化占据了文化领域的支配地位，文化对社会结构的打击作用逐渐显现。

（2）19 世纪下半叶镀金时代[②]以来。

①随意型社会行为（收入增加，特别是消费增加；文化资本及其分层乱象）。

②19 世纪下半叶的传统现代主义带来的是碎片式的艺术新结构，此外还有"上帝之死"（社会特殊意识形态衰落）之后通过主体哲学来拯救那种虚无感（永远超越的命运），但贝尔认为这还是让人难免会有空虚感。

---

① 丹尼尔·贝尔：资本主义文化矛盾，生活·读书·新知三联书店，第 60 页。
② 1865 年至 1898 年美国南北战争至美西战争。也有一说是 1870 年至 1900 年。

（3）20 世纪 50 年代前，社会地位和文化风貌的分离，中产阶层的消费者无法控制先锋派艺术家，而是反过来受控制。

①关于韦伯提出的官僚制，人们认为是平民主义。

②现代主义的"敌对文化业"控制了文化体系。

（4）20 世纪 50 年代期间，受到第二次世界大战的影响，文化思想界"提前"思考出现在 60 年代的政治和社会问题。

①中产阶层的趣味就是文化批评。

②激进意志在"敌对文化"中得到维持。

（5）20 世纪 60 年代，在 19 世纪的现代主义（现代主义是文化情绪的一种倾向）之后有了后现代主义把传统现代主义推向极端，这是对中产阶级价值观的危机的一种指示，对文化传统、秩序、形式合理性的攻击（现代主义是站在后面这几者中的一边）。在后现代主义这里，艺术和生活已经变得没有界限，在这个意义上，"文化"对"社会结构"（经济—技术）的进攻，才会有实感。如果认为传统现代主义开的解药是美学，后现代主义则完全依赖于本能。

（二）文化变革的原因

1. 文化本身，人的感觉方式发生了变化

现代文化的轴心原则——不断表现并再造自我，以达到自我实现和满足（即文化的内部逻辑，直接和人的感觉方式相关联，因为"文化因此而属于感知范畴"）。

（1）享乐主义——消费道德观。

①第一次世界大战前后的心理学的"幸福说"取代传统的道德观。

②20世纪50年代，享乐主义（其延续至60年代形成幻觉文化）。

③20世纪60年代，新兴文化——"幻觉文化"或"反文化"，主要表现形式是"流行艺术"。在这一阶段，贝尔判断自由主义在经济、文化和政治领域都碰壁。

（2）20世纪初至20年代，文化界和青年知识分子群体对大都市、城市生活消极影响的厌恶。

2. 社会结构本身的变化

20世纪初新工业改革，小城镇支配美国生活这一社会事实的终结。

（1）人口分布的变化——导致都市的发展和政治力量的转移。

（2）消费社会的出现——破坏传统价值体系。

（3）技术革命——打破农村的孤立状态（20世纪20年代中期，技术被普遍使用）。

这些变革的实现有赖于20世纪初清教主义作为一种生活方式的习俗的终结。

当社会结构中的经济领域，将高消费、享受高水平的生活，通过一系列的技术革命和发明合法化时，文化的变革成为一种需要，正是这种社会结构的要求对小城镇的道德观的衰落才会产生切实的影响（仅靠文化本身的反叛还不足够）。

三、贝尔和韦伯的理论对话

文化变革的具体历史形式可以说是传统资产阶级价值体系的崩溃，韦伯做的是建构的工作，贝尔则做的是解构的工作。韦伯想要说明资产阶级价值体系形成中是靠什么精神文化力量建构起来的，而贝尔则解构了资本主义价值的两个精神来源和最终方向，并且从这个方向上能看到其价值体系正在崩溃。

贝尔不仅把"新教伦理"与"资本主义"之间的关系具象化了，而且从"自由市场"的角度，对"资本主义精神"，特别是考察了"新资本主义"的问题进行分析解构，这是历史发展带来的理论更新。

（一）"新教伦理"

贝尔对"清教精神"和"新教伦理"及其区分的强调，沿袭了韦伯的分析，在这里目标与价值理性的张力背后，是形式理性与实质理性的张力。贝尔通过分析指出，清教和新教的教义从具体行径上看，不能被简单地归为价值理性那一类，因为这两者在信徒的行动这里产生的差异必须用另一对理性分类标明——形式与实质理性的区别。清教徒的虔诚和极度禁欲的道德规范，使他们在实际生活中变得唯利是图，这便是清教神学的"理性的伦理观"①。在这里，贝尔和韦伯的想法比较类似，"清教精神"可以被视为理性主义的初期果实。作为"酒"

---

① 丹尼尔·贝尔：资本主义文化矛盾，生活·读书·新知三联书店，第 106 页。

的社会特殊意识形态教义没有发生本质上的改变，只是带来了两种不同的表现形式。思考理性和伦理的关系问题时，不能机械地认为一个代表"现代"一个代表"传统"，因此两者就不可能共存，二者甚至不是接续的关系。没有违反公共契约的"罪"，怎么会有自我的"罚"，反之亦然。清教教派的存在及清教徒乐此不疲循环过程，其最终的意义在贝尔看来不归于神学中道德层面的清高，而是来自其作为社会控制体系在人类生活中的持续作用，具体到美国就是制约小城镇的生活法则。当然，贝尔和韦伯两人的分析也不会完全一致，贝尔不去诉诸功利领域的削弱，而希望加强另一个阵营的力量（社会特殊意识形态）。

（二）"自由市场"

在美国的后工业社会，资本主义矛盾的根源是"自由市场"①。现代主义—"文化大众"—享乐主义，依次出现，它们相互交织影响成为资本主义文化矛盾的原因，这是一种功能主义的思维方式。

（三）"资本主义精神"

按照贝尔的分析方法，经济、政治和文化的冲动力难以长期和睦相处。把霍布斯的学说拿进来讨论资本主义社会，这是贝尔相较于韦伯的一个创新之处，他指出历史的转折点是两条道路的选择，在禁欲

---

① 丹尼尔·贝尔：资本主义文化矛盾，生活·读书·新知三联书店，第102页。

与个人主义之间取其一。当然，这可能得益于丹尼尔·贝尔（1919—2011）生活在 20 世纪中后期的经验，20 世纪五六十年代的美国社会在政治领域产生了政治幻灭[①]、自由主义的碰壁[②]。自由主义是现代性的哲学，自由主义的发展是韦伯能看见的未来，但他看不到它的碰壁，所以也就走不到对现代性的批判这一步。《资本主义文化矛盾》这本书出版于 1973 年，贝尔集中探讨了当代西方资本主义社会内部结构的脱节与断裂问题[③]。"新教伦理"（本来是社会道德基础）衍生出的道德报偿体系已经被物质和奢侈的享乐主义取代，现代主义成为文化领域的支配性力量。[④]

（四）两个相似点

其一，分析范式与方法论近似。贝尔的"轴心原理"和韦伯的"理想类型"，都是一种理想的抽象和建构。

其二，对社会特殊意识形态信仰与资本主义的特定精神之间的亲和性认识。贝尔认为在社会特殊意识形态冲动力的作用下，资产阶级严于律己，追求财富。贝尔的这种理解，很可能直接受到了韦伯"新教伦理"与"资本主义精神"的研究的影响。

---

① 20 世纪 60 年代前期是黑人民权运动，后期是反越战运动。
② 公司阶级的让位（其实就是公司阶级内部根据不同的教育程度和年龄，产生了分层化碎片化的文化—政治立场）：20 世纪 20 年代兴起的丰裕型新资本主义价值观下，自由主义作为一种意识形态已经统治了文化领域。
③ 丹尼尔·贝尔：资本主义文化矛盾，生活·读书·新知三联书店，第 126 页。
④ 同上，第 132 页。

第二章　方法论与方法透视

西学传统：

作为社会学起源的实证精神；实证主义的一次"修正"：涂尔干的社会研究方法论；"韦伯热"的魅力：韦伯的方法论与新教伦理。

中国取向：

观念与习惯——兼论行动与微型社会学方法论；变迁何以可能——费孝通和阎云翔的民族志研究比较。

西学传统：
作为社会学起源的实证精神

一、思想渊源

（一）整体论

意大利哲学家詹巴蒂斯塔·维科的有机体社会观，法国启蒙思想家孟德斯鸠社会现象相互联系的观点，都属于整体论，和启蒙运动的一些持有原子论个人主义的观点不同。

18 世纪末至 19 世纪初，孔德和马克思都认为"社会在概念上优于个体"[1]，这个视角很重要，毕竟涂尔干、帕森斯等人也在这个思路上走。

---

[1]　史蒂文·赛德曼：有争议的知识，中国人民大学出版社，第 24 页。

（二）人能动地创造人类社会

从维科的人本主义历史决定论开始，就认为人能够创造社会；18世纪的哲学始终不承认维科的人本主义的历史决定论，但启蒙运动的核心观点是人类创造了社会。[①] 孔德和马克思都援引了启蒙思想，即："它援引了人类有意识地设计社会这样一种观点。"[②]

现代社会科学的形成、现代性是人创造的。"在过去几个世纪中迈向科学的重大突破中，孔德看到了实证阶段的上升精神。孔德的社会学旨在对当代危机做出诊断，并提出一个救治方案：巩固实证的、工业化的、科学的秩序。"[③]

孔德倾向于认为个人无法改变历史，但社会由个人组成，某个历史阶段的社会是什么样，历史就是什么样。因此，他很重视人的思辨和实践对世界的改变作用，可以说为此孔德提出了实证哲学的进路。

（三）理想型的逻辑建构

笔者认为孔德的"社会动力学"历史三段论，类似于孟德斯鸠的"理想型的逻辑建构"。但孔德与孟德斯鸠二者不同，孔德的那种"类型学"（姑且称之为"类型学"）是关注社会变迁的动态历史过程，孟德斯鸠对政体与社会的分类法更像是孔德说的"社会静力学"。

---

① 史蒂文·赛德曼：有争议的知识，中国人民大学出版社，第4页。
② 同上，第24页。
③ 同上，第10页。

孔德想象人类经历了几个固定不变的阶段，每一个后续的阶段都代表了人类发展的更高层次。如果没有干扰的话所有的社会都将同时经历同样的阶段，但是事故（如自然灾害）会导致社会以不同的速度进化。这样，我们在历史上观察到的社会之间的差异就可以被解释为展示了人类进化的前后相继的阶段。按照这个观点，我们就可以将所有社会定位在人类发展的不同层次上，从较低的社会类型到较高的社会类型。[①]

（四）因果关系

孟德斯鸠的"共时方法"用精神和物质因素共同作用的"环境"立论，已经开始有很强的"科学精神"。

"启蒙思想家们认为科学是通往真正知识的途径。"[②] 实际上，因果关系是科学研究方法的核心内容，把它引入社会研究，就代表着科学精神的引入，孔德不是第一个看到科学精神的价值的人。

（五）启蒙运动

18世纪50年代后，法国思潮以个人主义的理性主义和哲学上的怀疑论为特征。（卢梭是个意外，他也指认社会为一种有机体。）

孔德不否定人类有意识地创造自身未来的可能性（实际上他所做

[①]　史蒂文·赛德曼：有争议的知识，中国人民大学出版社，第10页。
[②]　同上，第7页。

的工作正是指出一种理解人类社会的可能性，并奉之为正确的真理性认识），但批评启蒙运动是对社会不顾民族历史传统的随意捏造。因此，孔德指出他所处的那个时代是不受限制的人类进步新时代到来之前的阵痛期，法国的地位是新秩序的首发落地场所，而社会学所提供的社会视野是社会改革的真正载体。"关于人类心智进化的大视野就是孔德关于欧洲文化危机观点的基础。"①

"苏格兰启蒙运动的学者认为，不能把作为独立研究对象的社会等同于个人与国家之间的契约关系，但可以被经验地规定为具有自身固有的历史或'假设的历史'的独特结构"②。苏格兰启蒙运动对社会学的重大贡献在于：明确认识到，社会是一个过程，是一定的经济、社会和历史力量的产物，是可以通过经验科学的方法加以识别和分析的。社会是一个历史考察的范畴，是各种客观物质原因的结果。③

在法国，法国大革命"擎炬人"孔多塞的历史大视野通过概括相同的、线性进化的历史运动来强调人类规律，以及用自由来解释不同社会中社会进步的速度差异。④ 而孔德进一步认为特定社会的变化可以被理解为展示了人类的进化，"根据历史三段论，社会进化不可逆转地朝向实证阶段。按孔德的观点，法国的命运就是做新世界秩序的接生婆。而且，就像我们将要看到的，孔德同样相信，向法国展现赋予它

---

① 史蒂文·赛德曼：有争议的知识，中国人民大学出版社，第9页。
② 艾伦·斯温杰伍德：社会学思想简史，社会科学文献出版社，第15页。
③ 同上，第18页。
④ 史蒂文·赛德曼：有争议的知识，中国人民大学出版社，第5页。

的历史角色将是社会学的使命"①。

（六）圣西门

政治结构应该反映社会状况本身，必须在社会现实中形成稳固的结构。圣西门在《论实业制度》中提出，社会能够并且应该按照科学的实证的原则去组织，使经济和政治制度彼此和谐运行。

孔德对政治领域很关心，《论实证精神》中第二部分很关心实证哲学在人类社会政治方面带来怎样的改变。圣西门在《论实业体系实业家问答》"序言"部分写道："在我们所要建立的体系中，实业能力应当占第一位……这部著作在我看来仍是至今所发表的讨论一般政治的最好著作。"②孔德早期重要文章《重组社会所需的科学工作计划》指出，"是使政治在今天就应当进入观察科学的行列，并把这一基本原理应用于社会在精神领域的改组上。"③因此，孔德对政治的重视有圣西门的影子。

总之，在孔德和他的实证主义社会学之前，人们越来越意识到，社会应该被当作一个独立的研究对象来对待，即社会和国家是不同的，无论是社会还是国家，它们的形成并不出于人的随意性，它们是人的某种主观建构形成的客观结果……这些思想的铺陈为孔德的论述提供

---

① 史蒂文·赛德曼：有争议的知识，中国人民大学出版社，第 10 页。
② 昂利·圣西门：圣西门选集（二），商务印书馆，第 67 页。
③ 同上，第 68 页。

了很大的便利。这不用再费力解释，为什么将社会当成单独的研究对象，而不谈普遍人性或者人和国家的契约；为什么要看社会在历史中的动态变化情况，进而对未来进行预测……我们可以去理解，孔德为什么在那个时代提出了实证主义和社会学，这对我们理解孔德、把握自身都有重要的意义。

二、写作目的

《论实证精神》一书正文有三个部分，分别被"一""二""三"标志，本文后面"第一部分""第二部分""第三部分"同它们形成对应关系。

孔德在附件部分"五 奥古斯特·孔德致克洛蒂尔德·德·沃的信函摘要"的文字表明，他自己对教育问题不仅"很感兴趣"，甚至本书就是为改善教育做的思想铺垫："如不首先确立真正持久的哲学，就不可能办好任何教育，必须将力量由此转向这个全面的基础"[①]。甚至在书中第二部分完全就是为了论证要改变教育、怎么变，而写成的。站在后世的视角来看，孔德想维护秩序、避免革命，做法是改革一些现有东西，比如教育，所以也可以把孔德视为一个保守主义的思想家。

孔德试图拯救欧洲理性主义危机和解决社会秩序混乱的问题，给出的解法就是"实证哲学"——人类必须走上实证主义的认识阶段。

---

① 奥古斯特·孔德：论实证精神，商务印书馆，第107页。

三、第一部分 ①

本部分作者的行文目的在于把读者引入作者的讨论范围，而且也比较精练地给出了一些关键概念比如社会动力学方向的"历史三段论"、"实证"和"实证主义哲学"的含义，因此笔者认为将原文分段分节进行梳理，能最大限度地理解孔德的核心思想，并且不至于忽视孔德说的一些看似"离题"的内容，而且线索清晰也有利于后续的查找。

（一）总起

第 1 段是总起部分，告诉读者"实证精神"实际上就是"实证哲学的真正基本精神"，"实证哲学"的特征可以用四个词描述：历史性、社会性、逻辑性、科学性。这四个词实质上是孔德后文论证的主线，谈到历史的观点，一般就有社会的观点做对照，同理，一旦孔德试图从逻辑上讲述"实证哲学"如何同神学—形而上学对立，或试图说明实证哲学的逻辑能将理论和实践融合得多好，你就会知道孔德在下一段一定会强调实证精神同理性同科学的关系有多紧密。

---

① 　本部分和下两个部分中所有页码标识都指代商务印书馆出版的奥古斯特·孔德的《论实证精神》。

（二）历史三段论

第 2 段，人类认识演变的规律。（在孔德的《实证哲学教程》中就明确提出了，这里做引述，后文我会分析他写这个部分的目的。）先后经历三个理论阶段的地位和孔德的评价。

第 2—9 段，神学阶段：本部分较多地涉及进化论观念，包括拜物教、多神教、一神教。

总而言之，孔德肯定了神学在"人类童年时期"作为"成功的引导"的作用，但在后文中坚决地指出"科学与神学的必然不相容"①。

孔德的思路主要是进化论式的——在第 4 页："不管这种探讨方式今天看来如何不完善，但重要的是将目前阶段人类精神状况与其原先各阶段的整个情况密切联系起来，同时适当承认这种方式在长时间内是必不可缺的，也是不可避免的。"可见，孔德认为"进步"是依靠历史的长河进行堆叠的，而且处在后发阶段的，一定是更优越的。此外，进化论范式还体现在孔德在讨论神学的三个阶段，多神教联系了当时"三大种族"的实际情况。因受到人类学、生物学、人种学思潮的影响，孔德将思想接受情况按照人种划分，而且体现出明显的优劣之分。

第 10—12 段，即形而上学阶段：人类用抽象的观念来理解和说明世界，虽然较神学阶段有所进步，但其本体论概念总是趋向于阻止"真正的哲学"思辨的出现。

---

① 奥古斯特·孔德：论实证精神，商务印书馆，第 9、第 31 页。

第 13—16 段，即实证哲学阶段：按照孔德的意思，在实证主义精神的指引下，人类有认知的上限，或者说"一切实在知识的必然相对性质"，他认为应该关注的是实证思辨"深刻的依存关系"而不是神学探讨的绝对"来源"和"终极目的"问题。[①] 不过需要注意的是"真正的实证精神与神秘主义，也与经验主义相去甚远。它总得要在这两个同样有害的谬误当中走出自己的路来"[②]。

在孔德看来，预测是目的，而且有很强的实用主义倾向。天文学很特别："天文学与真正科学精神的自发本原直接相关。"[③]

第 17 段，通过上面的分述，在本段收住了。笔者认为孔德引述历史三段论对他整个论述的用处是做对比，通过对比突出实证哲学如何适应现代社会，孔德的重点还是在说明实证精神的运作上。孔德讲现状（可以看出来孔德并不想梳理一种纯粹的知识，他关心他的观念对社会究竟能带来多少改变），实证哲学的接受度怎样，特别是在神学和形而上学的影响下。

（三）实证精神的内在使命和具体特征

第 18 段，告诉读者自己后面的段落将开始从"内在使命"和"具体特征"来详述"思辨外物的实证精神"。

---

① 奥古斯特·孔德：论实证精神，商务印书馆，第 83 页。
② 同上，第 11—13 页。
③ 同上，第 12—13、第 19、第 78 页。

第 19 段，孔德提出，实证精神的内在使命的定义：同时满足人类的秩序与进步。讲具体特征时有两个角度：

1. 思辨生活

第 20 段，实证精神存在必然局限，"无法将一切都归结为唯一的实证规律"。

第 21 段，实证体系下，真正的科学"具备充分的哲学统一性"，而且在稳定性和全面性方面比神学或形而上学达成的那种暂时的统一性强很多。通过实现不同学说的均衡和趋向一致，来共同满足人们的"各种基本需要"，构建出个人"全面的精神系统"。

第 22 段，孔德从个人推论到群体，实证哲学具有实现社会团结的社会效能，"唯有实证哲学可以渐次实现普遍联合的崇高理想"。

2. 实际生活

第 23 段，对自然的实证研究（如天文学）虽然已经是人类认识并作用于外部世界的理性基础，但"知识中只有各种事实却不包含规律"不足以指导人类的行动；自然哲学仅仅是"几何的、机械的或化学的"，真正的哲学（实证哲学）应当包含"直接涉及人类社会的研究"（即政治和道德的方向）。现实规律所表明的范围不仅有自然界，也有社会界，但科学和"工艺"之间的关系往往水火不容。

3. 在思辨生活和实际生活之间建立全面协调关系的自发倾向

第 24—25 段，科学与工艺之间存在"内在的和谐"。

第 26 段，值得注意的是，孔德讲现代人必然选择实证哲学取代神学时，使用了"工业生活"的概念："这种基本关系 ^① 使工业生活有利于提高实证精神的哲学影响"，可以看出来他受到了圣西门的影响。

第27—31段，讲的是科学和神学的不相容。孔德试图讲清楚，即使实证哲学体系想尽可能包罗万象，研究全部领域的规律，并用于预测，但也不是什么思想学说都能"调和"，塞进实证精神中。

第27段，从逻辑的角度来谈，科学和神学"不解决相同的问题"。

第28—30段，从历史的角度来谈，科学和神学"二者根本对立"，值得一提的是，孔德把形而上学精神视为神学向科学精神发展的"强有力的过渡手段"。

第31段，从自发秩序的角度来谈，神学（尤其是一神教）对自发的现存秩序有一种乐观主义倾向，而科学"以自发秩序的必然缺陷为前提……目标，就是要逐步改善自发秩序"。人能够改变秩序，干预外部世界，这种观念比较符合启蒙运动的思想。

（四）"实证"一词的含义

第32—35段，孔德在解释为什么用"实证"一词来标志他提出新的、"具有决定性"的哲学。"实证"具有六个特性，即真实、有用、肯定、精确、组织（肯定）和相对。孔德希望实证是公正与宽容的，"它坚持从历史角度去衡量不同见解的各自影响、持续的条件以及衰落

---

① 认为外部世界不受意志支配，"服从于能够令我们作出充分预见的规律"，这样实践活动就有了理性基础。

的缘由，决不作任何绝对的否定，即便涉及与优秀民族中人类理性现状极不相容的学说也是如此"。"相对"是为了显示实证哲学和绝对哲学的不同，新哲学以不对抗和不让步的姿态立于"实证"一词之上。

（五）实证哲学是一种体系化的哲学

第36—38段，这三段层层递进，比较深刻地揭示了实证哲学的本质。

第36段，从逻辑的角度来谈，实证哲学的研究方式符合理性精神，且"其全部属性都与普遍良知的属性相同"。

第37段，从学说的角度来谈，实证思辨是借由普遍智慧实现普遍理性式的哲学思辨，且"绝不将逻辑与科学分割开来"。

第38段，从历史的角度来谈，上述的真正哲学与单纯普遍良知之间的密切又自然的关系"表明了实证精神的自发来源"——"实践理性对理论理性的特殊反作用"。孔德提到了本体论对科学的压制，本体论在西欧又是怎么衰落的，实证精神如何在两百年间发展起来。孔德通过这个历史过程得到的反思是：绝不能掩盖实证哲学"要建立新逻辑体系的彻底倾向"，"唯有通过这样的系统化，理论智慧才会真正赋予实践智慧以应有的同等基本功用。前者表现在普遍性和稳定性方面，而后者则表现在现实性和有效性方面"。这里孔德还是围绕第19段对实证精神的内在使命的定义：同时满足人类的秩序与进步。以普遍性和稳定性维持"秩序"，以现实性和有效性推动"进步"。

四、第二部分

有两种理解方式：第一种，按照孔德原文段落的划分，会发现作者在这部分的讲述非常贴近现实，因为他提到现实的政治状况和底层无产阶级对实证哲学的态度，主要为了论证实证哲学的社会性。第二种，这一部分有没有核心内容呢？换言之，孔德论证实证哲学的社会性是为了给什么思想做铺垫吗？笔者认为存在这样一个核心思想：实证教育普遍化。正如前文提到的那样，孔德的目的不在于树立一个纯思辨的哲学体系，这有违实证精神对理论和实践整合的属性，而且本书第三部分就是围绕着怎么实践，第二部分和第三部分同第一部分形成鲜明对比，甚至可以把第二部分视为过渡。

（一）通过法国政治社会危机孔德看到了实证哲学的价值

第1—2段，在法国大革命的危机之下，孔德认为真正哲学精神系统化和"社会化"，需要找到一条出路。孔德认为："自半个世纪以来，在整个西欧，尤其是在法国增长起来的巨大社会危机实际上有可能包含这种出路。"

第3—4段，法国政治制度瓦解，暴露当时哲学缺陷："决定性的转化，迄今为止基本上仍然不可能实现，就因为缺少一门真正足以为其提供必需精神基础的哲学。"

第5—7段，神学和形而上学相互掣肘，当时的政治实践趋向保守，因为"全部真正的哲学还未充分争取到知识阶层，现实状况就只能用临时性的制度"。孔德指出神学"从学理上否定进步"，是"保守精神"，太过于重视秩序而成为"倒退学派"；形而上学"全面怀疑的地步"会导致无政府状态，这是"改进精神"，太重视进步却扰乱了社会秩序成为"批判学派"。与之对比，只有实证哲学才能同时满足秩序和进步。

（二）实证哲学通过其自发能力实现社会效能

第8—9段，实证哲学具有自发能力，它自发地联结了"存在"与"运动"，这种社会静力学与动力学的合流，实际上有利于结构理论和生命观念 [1] 的融合；它还自发地联结了秩序观念与进步观念，两者构成辩证的关系。

第10段，从秩序观的角度来谈，实证精神有三个作用："将政治动乱转化为哲学运动" [2]，"高度重视对过去的合理评价以便于考察当前的人类问题"，"使社会科学与其他全部基础科学协调起来"。

第11段，从进步观的角度来谈人性对动物性的理想优势："自然地满足真正哲学模式的基本条件，而且以一定限度为标志……然而却又永远不可能达到它。"

第12段，总结上述四段内容："实证精神能够自发地系统归纳秩

---

① 笔者认为书中提到的"生命观念"是指生物学意义上的进化与适应观。
② 奥古斯特·孔德：论实证精神，商务印书馆，第72页。

序与进步这两个并存的健全观念"，且这一基本性能标志着新哲学具备"高超的社会效能"。实现这种使命和价值，主要依靠新哲学的两个属性：注重充分的科学事实及其"相对性"①。

（三）道德扼要力

第13—21段，作者围绕各种哲学形态对道德的作用展开论述，目的是"关于实证精神的高度社会性特点的这一说明"。

第13—18段，作者讲出了旧哲学的缺陷。

第19段，提出现实性的实证精神能够促进道德健全。

第20—21段，实证精神的社会性推动道德的重建。神学下的道德是"非我"的道德，形而上学下的道德导向"利己主义"，因为它的视角是个人的，不是社会的。而只有实证精神的现实性才能"毫不费劲地拥有直接的社会性"②。

（四）新哲学与社会接受情况（以普遍教育为中介还是为核心）

第22段，解释为什么实证精神终将被社会接受。但当时的情况是并没有被很好地接受，因此第23段孔德指出专家太专，难以意识和接

---

① 奥古斯特·孔德：论实证精神，商务印书馆，第49页。

② 孔德多次使用这种神学形而上学和实证精神的对比来论述后者的优点以及它被时代接受必然性，这也是为什么孔德在第一部分开篇就选择说清楚他的历史三段论，换言之，历史三段论不是本书的重点，或许是《实证哲学教程》一书的重点内容，但在《论实证精神》一书中有明显的"工具性"。

受新哲学作为其整体的人生观和认识论，"每个智者只对于小部分精神体系培育起真正的实证观念"；第 24 段孔德指出公众接受专科教育，也很难接受新哲学。"科学不光为学者所独享，它尤为大众本身而存在"，这个观点放在今天依然很亮眼。孔德写这句话也有他的目的和考虑，因为后文提到实证精神对无产阶级的作用[①]，这代表孔德相信社会哲学思想能够发动人民，改变一个国家的政治形态甚至命运走向。

第 25 段，科学是全面的科学，大众应接受"普遍主义"的学习内容，并且受众也要普遍。

第 26—34 段，孔德在讲一个实现普遍教育的基本路径，最具有概括性的一句话在第 34 段："它最终能够同时满足我们的一切重大社会需要，而且有步骤地推广系统教育；今后这种教育可以为真正的重建做好准备，而重建包括三种，即精神上的重建、道德上的重建和政治上的重建。"

（五）以教育为核心

用比较宏观的角度来看第二部分，适当地将视线远离具体文本，几乎一眼就能看出普遍教育、实证教育的核心地位。实际上在第三部

①　"如果说培根和笛卡尔著名的白板完全可行，那肯定是在今天的无产者身上体现。他们比任何阶级都更接近于预定倾向唯理实证观念的理想典型。""上面的简略估量足以从各个方面表明下层阶级对实证哲学必然意气相投；一旦与下层阶级的关系能够充分建立起来，实证哲学就会从中找到精神上与社会上的自然而然的重大支持"；普及实证教育"尤其是向无产者普及更为重要，目的是今后为哲学创建提供必需的精神基础与社会基础"。

分的开头，作者对前面第二部分的总结是："我们已经从各个方面充分说明今天全面普及实证教育所具有的头等重大意义"，因此可以基本确证教育是孔德论证的核心目的。

可以把整个第二部分分成两块内容：一是展现出一种吊诡；二是为什么以及怎么改善教育。

吊诡之处在于：明明当时的哲学理念和政治实践在孔德看来都存在严重的问题，但旧哲学依然没有崩坏。明明实证的新哲学在"秩序"和"进步"两个维度都作用巨大，明明新哲学对道德的作用这么积极正向，但从科学家到公众都没有顺利地接受新哲学。[①]

这可以解释为：教育没有走向"普遍教育"、实证教育。

五、第三部分

怎么建立实证体系，推广实证学科，本部分内容实际上非常短，只有 12 段，但这一部分很重要，孔德终于明确地提出了自己著作的总纲领、哲学价值和最终目的。这整个部分的设置充分体现孔德对"实践"的重视（见首段），孔德对于自己的想法如何实施是有规划的，尽管社会学这个词是孔德提出的，但笔者认为重视实践才真正将孔德标志为社会学家，社会学较哲学才真正有所区别，具有了独立性。

---

① 奥古斯特·孔德：论实证精神，商务印书馆，第 41—63 页。

（一）孔德思想的"总纲领"

第1—2段，"作为根据的百科全书观念与作为总体新哲学基础的基本进化规律，二者之间也存在着十分紧密的关系"。百科全书道路是从知识的、学理的角度来谈；进化规律是从历史的角度来谈。两者结合，规定了怎么安排学科进程的基本秩序。

这个总纲领由孔德亲自确证："这种学理相互依存、历史次第相续的共同秩序的基本规律，在上文提及的大型著作中已被完全证实，是它决定该著作的总纲领。"

（二）对自然现象思辨的哲学价值

第3—8段，始终围绕着"科学价值"以及"逻辑价值"进行论述。

在这个小节中，第3段是总述，是后几段的中心句："对自然现象进行思辨……存在着恒久的必然的同一性；上述安排就从这种同一性中得到其主要哲学价值，包括科学价值和逻辑价值，许多百科全书式的定理也由此而来。"此外，"从此各门学科径直被视为唯一的科学，即人类科学的各个基本组成部分"，体现出孔德的科学哲学观。

第4—6段，百科全书式的、学理的科学价值，孔德给出了一个合理的序列，序列是静态的。他所定义的一套秩序，被他说成是人类智慧认识演进产生的一种发展趋势，具有专门教育的性质。"人们由此便逐渐发现六门基本学科不变的序列：既是历史的和学理的，同时又是科学的和逻辑的。这六门学科是数学、天文学、物理学、化学、生物学和社会学。"社会学的地位在孔德这儿更不用说:"是整个实证哲学的唯一基本目标。"

第7—8段,进化规律的静态形态所需的动态的,朝向基本序列的逻辑价值。即"为了我们的序列公式便于日常运用,……把术语双双连在一起,……第一对数学—天文学,最后一对生物—社会学,以中间的一对物理—化学将前二者分开又将其连接起来,是很恰当的。……把实际思辨的基本序列归结为主要的三对……最宜于用以确定个体或集体的实证演变的重大阶段"。

(三)建立"庞大体系"的重要性及其最终目的

第9段,这一段内容非常重要,孔德向我们展示本书第一部分的历史三段论,同第三部分着重讲的"序列"理论合流,构成一个"庞大体系"。

"这一简要评述足以在这里表明进化规律的用途并显示其重要性;两种主导观念之一最终寓于其中,而二者的自发紧密结合必然构成总体新哲学的系统基础。在这本长的'论文'中,已经从所有角度说明真正的实证精神。本'论文'的卷末与其卷首接近,因为这种序列理论[①]最后理应看作是与最初阐述的进化理论[②]自然结合在一起;因此,

---

　　① "序列理论"包括百科性、普遍性的学科序列。
　　② "进化理论"包括历史三段论。

本论文自身便构成一个真正的整体，忠实地反映（虽然以压缩的形式）一个庞大的体系。为了适当运用我们关于历史三段论的最初规律，也为了充分消除可能带来的重大疑义，经常考虑这种序列是绝对必须的。事实上，这点不难理解。因为关于不同思辨的三个重大精神阶段在历史上的经常同时出现，可能从另一方面构成不可解释的例外，反之，我们关于各种实证学科的连续和隶属关系的序列规律，则可解决此问题。从相反的角度也可以这样理解：序列安排的规则以发展规则为前提。因为现存秩序的一切基本动因归根结底是来自各种基础科学发展速度的不平衡。"

第 10 段，孔德强调了学科独特性的重要性，笔者认为它和百科全书理论之间存在张力，但并不矛盾："因为只有每门科学自身的独特性充分巩固，才能获得真正的实证性。"数学科学也好，生物、化学科学也好，都在孔德的实证哲学体系中 ①，都属于"基本学科的序列"，所以从这个意义上说并不存在所谓"孔德使人们运用自然科学来研究社会科学"的说法，可以推论"社会科学"概念可能是后人在难保自身

---

① 在本书第一部分第一段第一句话："迄今为止，全部天文学知识一直是孤立地考察的，今后它必须成为全部哲学不可分割的组成部分。"在"全部哲学"那里有一个注释："……我按照古人尤其是亚里士多德赋予此词的含义来使用'哲学'一词，指的是人类观念的总体系"……第一版的作者说明。——原注。把握住这一点很重要，因为不能按照我们现在的"哲学"来理解孔德口中的"哲学"。

学科独立性之时提出的①，而孔德不仅预料到这种"粗暴侵害"的发生，而且还强调"只有每门科学自身的独特性充分巩固，才能获得真正的实证性"。所以，观点都是建构出来的，但是往往只有后人掌握着话语权、裁量权。

第 11 段，开篇指明了建立庞大体系的目的："直接运用这种既是科学的又是逻辑的百科性理论最终将引导我们准确地规定专门教育的性质和目标。"

"重要效果"有关秩序问题："我们今天在适度推广实证学科方面所应追求的，首先是精神的然后是社会的效果。"解读这句话应结合序列规则第二部分，"精神的"就是个人精神，它由教育影响甚至决定；"社会的"就是第二部分论述到的建立社会道德的问题；而"然后是"则体现出一种逻辑上和时间上的先后次序——个人精神决定的社会道德的产生，只有实证体系确立起来才能达到这种重要效果。因此，个人的教育和群体的进化是分不开的。

序列规律以进化律为基础："这种重要效果必然取决于严格遵循序

---

① 至少在孔德这里，"社会"和"科学"这两个词放在一起是不搭的，不能以我们现在对"科学"的普遍观念来理解孔德口中的"科学"。因为孔德在本书第 78 页："由此必然导致将孕育社会哲学的自然哲学分为两大门类：一是有机的；二是无机的。"其实我们现在理解的"科学"在孔德这里只是自然哲学的无机的一面，现代人说的"社会科学"是孔德说的"社会哲学"。第 77—78 页："我们所有实际思辨的这一最终目标，就其科学性与逻辑性而言，显然要求两个必不可缺的前提条件，其一是关于人的本身，其二是关于外部世界。"我们现在理解的"科学"在孔德这里既有外部世界的部分（如数学、天文学、物理学），也有关于人本身的部分（如生物学）。所以人对于自己的智慧的认识，呈现出不同的分类状况，而且这种状况具有历史性。

列规律"，可以看出"序列规律"就是相互依存的学理，而"遵循"是一种历史相续的过程，前者体现"连贯性"，后者体现"自发性"；前者是静态的，后者是动态的。"严格"两个字则暴露出孔德的根本思维倾向本质上是一种决定论，他曾说："任何个人的优越地位都不可能脱离这种基本递进规律。"即人类应该沿着实证精神所认识到的规律一步一步进化下去，这个规律是历史的、社会的，也是客观的不以人的意志为转移。

第 11—12 段，建立大众教育的系统：孔德认为不能直接建立系统。高规律性和巨大的数量暗示人们这是唯一的秩序，当所有人都认可这一点的时候，理性就达到了实证的状态。由此推动新哲学的发展，再由新哲学推动大众教育系统的确立。

六、体验、总结

孔德继出版《实证哲学教程》之后，于 1844 年又出版了《论实证精神》。两书之间有重复的内容，不过《实证哲学教程》还没有中译本。把"实证精神"推广、应用到这种"广义"的哲学研究上，就是"实证哲学"的意涵。

笔者认为《论实证精神》有三个特点：第一，有咬文嚼字的价值，全书内容不多。第二，本书是"论文"，前面浅入，第一部分直接将实证精神是什么和盘托出；后面深出，对孔德为什么要论实证精神要看第二部分的具体解释，以及第三部分怎么建立实证体系。某种程度上是"头轻脚重",正如作者所说"本'论文'后面专门阐述的内容从总体上应获得真正的地位"[1]。第三,哲学性强。抽象性给阅读带来一定困难,但是孔德使用的词汇大多是成对出现的,这些对词汇能帮助我们构建对孔德实证精神的理解。

本"论文"核心内容是两个层次的,理论层次是对"科学哲学"的探讨,实践层次是给出建立"实证教育体系"的思路(姑且概括为这个词,实际上孔德的原文中并没有这种说法),而且这两个层次的重点是实践层次。

从篇幅和位置安排上可以推断,《论实证精神》的核心可能不是孔德给出的历史三段论,注释也写到该内容是《实证哲学教程》已经详细阐发过的内容,他没必要专门写一本书再讲一遍一样的东西。

事实上梳理完本书的逻辑之后不难发现,他对哲学本身[2]的思考不再停留在"描述"阶段,孔德试图推断和预测"真正哲学"是什么样子,会不会被人们接受,应该怎么做才能提高接受度(通过教育),又会对社会生活(尤其是政治领域)产生什么影响。

孔德希望迎来一个理论和实践相统一的哲学,他认为有且只有实证精神能将两者统一。

---

① 奥古斯特·孔德:论实证精神,商务印书馆,第 76 页。

② 因为历史三段论是孔德对于人认识世界的方式的总结,而"人怎么认识世界"在他看来都属于哲学的范畴,"哲学"包括神学—形而上学,也包括科学。

七、社会学理论的后来者对实证主义的态度

实证主义以一种进步的姿态走进了社会学，作为后来者的"法兰克福学派"批判实证主义和资产阶级科学，"马克思曾超越了早期的哲学著作而走向一种实证科学，而法兰克福学派却放弃了经验社会学，转而赞成抽象的、悲观主义的思辨"①。

实证主义的逻辑下人类是可以"自发地"不断变好的，是乐观的。而且韦伯的"客观性"概念在我看来是具有实证主义色彩的，因此韦伯的观点可能"悲观"，但绝对避免"抽象"。

德国社会哲学家教授马克思·霍克海默在"批判理论的传统理论"，认为资产阶级实证主义的目标是"纯"理论，而不是行动。换句话说，实证主义将思想和行动割裂，希望将理论置于一个实体化的地位上。此种做法颇为符合德国社会学家卡尔·曼海姆知识社会学《意识形态与乌托邦》中的"意识形态性质"，即资产阶级这一优势地位阶级所推出的价值观和世界观。科学在这一过程中起着重要的"工具主义"的作用，而"唯科学主义"就是后期实证主义所倡导的核心价值，公共领域的萎缩和独立的个人的消失被认为是一种将来后果。

但这一意识形态却同资本主义社会现实相矛盾。霍克海默认为只有在一个非实体化的理性世界里，预测才是可能的。预测的工作以知

---

① 艾伦·斯温杰伍德：社会学思想简史，社会科学文献出版社，第321—322页。

识分子的社会科学耕耘为基础，而知识分子在现代资本主义社会中并不能实现自由流动，受到更严重的限制和影响，资产阶级中唯科学主义、反人本主义的原则渗透了整个社会，不可避免地导致一个以技术和官僚制度为中心的新型统治方式。所以实证主义在资本主义社会虽然被倡导，但是不可为。既是意识形态，又是乌托邦理想；或者同曼海姆对"资产阶级自由"的定性一样，属于"相对的乌托邦"①。

综合来看，法兰克福学派虽然批判实证主义和资产阶级科学，但其论调并不直接反对资本主义，或者说是把这样一种社会形态作为一个客观存在的客体，认为社会学的方法应当同其对象相适应。尽管法兰克福学派和曼海姆的知识社会学都有一个被假设存在的先验的"普遍本性"——解放利益，但是并不像马克思那样要坚决地推翻资产阶级的领导权。这一理念很有趣，被英国社会学讲师艾伦·斯温杰伍德概括成"内在批判"②的概念。笔者认为"内在批判"就是在现有历史情况的基础上，法兰克福学派试图揭示出一个对立、矛盾却相联系、统一的支点，这个支点就是实证主义。

虽然孔德是社会学实证主义的创始人，他的学说不失为 19 世纪时期的主要范例，但是孔德以后的实证主义发展却逐渐抛弃了他的思辨的历史哲学以及社会演化即是意识和理性在社会发展各特定阶段中演

---

① 艾伦·斯温杰伍德：社会学思想简史，社会科学文献出版社，第316—319 页。

② 同上，第321—322 页。

化的学说。摒弃实证主义的人还有同为法国人的布迪厄①，但很难说这些学者的评价是针对孔德所说的实证精神，可能只是不喜后期实证主义"观察对想象的权威"的论述，而孔德是很喜欢将理论演绎，将观察和经验研究置于较次地位上的理论家。

八、讨论

教育和科学哲学之所以能被合在一起谈，因为科学哲学是教育的内容，而教育能对科学哲学的发展真正地做出贡献。学科的分化究竟是人为划分的，还是历史造成的？"从此各门学科径直被视为唯一的科学，即人类科学的各个基本组成部分。"②孔德倾向于科学哲学"因此，被视为社会哲学的必然开端的自然哲学首先包括三个学科，即依次为天文学—化学—生物学，天文学与真正科学精神的自发本原直接相关，而生物学则与其根本使命相联系。最初三者的发展从历史上来说依次与希腊古代、中世纪以及现代发生联系"③。

笔者觉得孔德在"普遍教育"这个问题上没有深思，放在今天来看，我们的中、高考选课改革，从实践上向着普遍教育行动，但是又因现实中"减负"的呼声，而很难做到全科考试，而且有些学科不被大众视为科学……所以孔德的构想很美好，但是真正落地到现实中总

---

① 布迪厄：实践与反思，中央编译出版社，第130页。
② 奥古斯特·孔德：论实证精神，商务印书馆，第77页。
③ 同上，第87页。

有这样的问题，究竟是因为太超前，还是根本就不可能实现，在这方面还有待思考。

　　无论如何，孔德作为一个"实证主义者"，在《论实证精神》中没有安置任何现在意义上的"经验研究"成果，只是泛泛地描述社会现象，注重理论上和逻辑上的推理，这点被后人诟病。

实证主义的一次"修正": 涂尔干的社会研究方法论

涂尔干不愿把自己的实证主义与孔德的实证主义相提并论，因为涂尔干认为孔德把观念作为研究对象，是形而上学而不是真正的社会学。可见，实证主义在发展的过程中逐渐抛弃了孔德思辨的历史哲学以及社会演化（意识和理性在社会发展各特定阶段中演化）的学说，逐步树立起观察对想象的权威，我们当下对实证主义的理解也是晚近的。

笔者以下以《社会学方法的准则》为主，参照《社会分工论》《自杀论》《宗教生活的基本形式》对涂尔干的社会研究方法进行深入的理解分析。

一、理论背景

对于社会学这个学科本身，在当时社会学、生物学和心理学的研究领域，研究对象是混在一起的。因此，涂尔干在《社会学方法的准则》中讲了为什么要找一个"社会事实"的概念，试图找出社会学自己的、固有的研究对象。

对于涂尔干关注的秩序和团结等命题，社会秩序要建立起来，就涉及道德从哪儿来的问题。对涂尔干来说当时的两个道德学说靶子：康德学说的绝对命令导向先验自我；功利主义的自发性原子化个人导向需求契约[①]。涂尔干晚年遇到美国传来的实用主义思潮，认为要从个体出发看一些"有用"的东西，它影响着法国的道德教育界。这些都是涂尔干反对的。涂尔干认为关注先验范畴不如关注社会范畴，探讨绝对律令不如研究社会事实，功利主义的需求契约不如一些非契约部分奇妙，自发性原子化在面对利他与失范时就有些无力。

此外，特别就《社会学方法的准则》一书需要厘清的是，对于涂尔干和大部分欧洲学者来说"方法"是指抽象的存在论、认识论、方法论，比如法国笛卡尔的《谈谈方法》、德国韦伯的《社会科学方法论》等。现在我们常用的"社会研究方法"一词，是指具体的操作程序，涉及技术和程序的问题，这无疑不带有欧陆传统风格。

二、从方法论来到思想深处去

不同理论家内在思维倾向是不同的，从某种意义上说，他们的思维给他们的方法以土壤，有了这些"土壤"，我们才能真正理解他们方

---

① 涂尔干：社会学方法的准则，商务印书馆，第 26 页。

法的意图。涂尔干的研究是转向古代社会的，他认为现代社会的解药不在当代，也根本不在经济基础，需要关注道德事实。相比之下，马克思的历史主义面向构建未来社会形态，一切的前提是推翻现有社会制度；韦伯则更关注当下，给当时现有的资本主义社会一种解释，同时他也发现这种丧失了精神的社会经济秩序对现代人构成了强制性，但无论如何韦伯是接受现代官僚制和资本主义经济制度存在的。

涂尔干的写作总是围绕道德和伦理进行论述，如《社会分工论》中，"本书旨在用实证科学的方法论述道德生活的事实"；《自杀论》中的"利他、利己型自杀"也很有伦理学和实证量化的色彩；《宗教生活的基本形式》中社会特殊意识形态的信仰依托具体的仪式实践，社会事实与人类意识通过欢腾而确证联结。从道德延伸到社会特殊意识形态、自杀、社会分工，涂尔干描写神圣感和秩序感何以可能？需要基于他对社会的认识论，对事实的存在进行解释。因此，想要读懂、读好涂尔干的其他作品，需要《社会学方法的准则》一书。

其中特别需要关注到涂尔干在 1901 年作的"第二版序言"，笔者认为这一部分将涂尔干的社会学思维和研究意图表露得很清楚，而且也可以从涂尔干的"对话"式文笔中看出，这是一篇受到了很多争议和挑战之后写成的文章，因此涂尔干需要让自己的理论更有信服力，他的旁引和正文作得非常多且精练，可以感觉到这部分的表达效率比正文高出不少。

三、具体内容分析

《社会学方法的准则》架构逻辑如下：第一章"社会事实"是存在论的问题；第二、第三、第四章是阐述认识论，有关怎么反对经验内省和演绎推理，通过说明社会事实是外在的，就不能用内在反省的方式来研究它，社会事实是事实，不能从抽象的哲学的角度演绎。在第四章中，涂尔干划分了常态和病态社会类型。第五、第六章，作者则具体讲述因果和功能分析的方法，以及共变法。

（一）第一章

本章中心句在第一章结尾，"一切行为方式，不论它是固定的还是不固定的，凡是能从外部给予个人以约束的，或者换一句话说，普遍存在于该社会各处并具有其固有存在的，不管其在个人身上的表现如何，都叫作社会事实"[①]。这个中心句有些拗口，因为它用了语言学上所说的同义并列表述和反义表述，思想视角也比较混杂，包含个人和社会两个层面，也正是由这样一句复杂的话展开了整章的论述。若简化掉修饰部分，主语和所指构成一个简单句——社会事实是行为方式。但什么是"固定"？为什么"个人自发"的就不是"社会事实"？涂尔干喜欢用反面论述来说明。

第一种方式是，假如不是我说的那样，你会发现现实中有四种

[①] 涂尔干：社会学方法的准则，商务印书馆，第34页。

情况呈现出我说的这种特点：论证社会事实的强制性的那段，主要从后果的角度来论述。"如果我企图触犯法律，法律就对我做出反应……""由社会公德通过对公民行为的监督和自身拥有的特殊惩罚来制止一切侵犯纯道德准则的行为。""如果我不遵从社会习俗……那就会引起人们对我的嘲笑和疏远。这虽不严重，但其作用都是一种真正的惩罚。""革新家，即便是幸运者，他们的事业也没有不遭到这种反抗的。"① 因此，人在社会中，但社会不以个人意识为转移的，"外在的"+"强制的"，就是"社会事实"。

第二种方式是，把自己假想的反面对象安置到"结果"的位置。在社会事实层面，社会潮流这种非结晶化（看似不是社会事实）的事实，是法律、道德、习俗这种结晶化社会事实产生的结果，反之才是原因。法律和道德准则、民间的格言和谚语、概括社会特殊意识形态或政治派别的信仰的信条，以及文学流派所形成的风格等的渊源和本质，"这些东西并非每一项都要通过应用于个人而再现，因为即使现在没有被应用，它们仍然是可以存在的"。在个人事实层面，内在习惯和个人情感是教育过程的结果和表现。"……那是因为这种约束逐渐变成了习惯和内在倾向，这种习惯和倾向可使约束不再起作用，但它们之所以能代替约束，则是因为它们是由约束产生的。"

总而言之，背后的原因是道德和法律，个人身上的习惯情感教化

---

① 涂尔干：社会学方法的准则，商务印书馆，第24—25页。

都被涂尔干归结为结果，所以应该研究的是背后的原因，而不是现象。

（二）序言

研究社会的学者要保持一种探究未知事物的研究之心、精神态度。集体行为、习尚不能通过自我观察、自省的方式来获得，但并不是"不可认识"的，通过外部特征来研究是完全可能的。此处存在一个时代历史问题，涂尔干引用了当时个体心理学中，主观向客观的转向，心理事实尚如此，更何况社会事实。

中心问题是"社会现象对于个人来说是外在的"，但人们在研究社会事实时选择的研究方法是有问题的。涂尔干将生物事实中的有机体原理和化学事实中的化合物原理，应用到社会学应当研究的社会事实中，来说明社会是整体性的，某种程度上说是不可拆分为部分、个人的。这样一来，社会事实和心理事实就有了区别，社会学和心理学就大为不同。

个人思维、情感，同社会思维、情感，具有异质性，社会思维规律具有特殊性，有时候研究社会心态常常借用个人心理学的方法和概念，这主要是因为研究者没有办法确证一些隐晦的过程，而只能使用这种推断的方式来下结论。但是在涂尔干那里比较特殊的一点是，研究集体思想社会思维的方法，必须通过人们对它持有的特殊情感来进行，并研究它和个人思想的相似性。在处理这个问题的时候，哲学抽象的逻辑运用得比较多。

　　"强制性"不是"社会事实"唯一的明显特性。涂尔干不仅对个人和社会有二分的理解，同样他对"物质"和"精神"进行类型划分。外部的、社会的集体行为和思维方式是"物质环境"，不是精神环境。前者特殊在社会表象有社会权威性①；后者经常表现为个人的习惯，它是有个人特色的、内化的、全社会的信仰以及习尚的，从内部支配着个人的行为。社会学研究的"基本原理"是"社会事实的客观实在性"，这是涂尔干在此书中的主要论述目的。最后，建立在社会约束观念的基础上，社会学是"关于制度及其产生与功能的科学"②。在作者界定社会学之处，原文中的注释中提出的"偏差度"现象是很有意思的，可以用它来理解涂尔干的研究思路和文脉，为什么他会写《自杀论》和《宗教生活的基本形式》。

　　有人将涂尔干划归于实证主义者，因为他不纠结于本体论问题，唯物和唯心与否他并不关心，他只想用好那些所谓"表象"的社会现象，对我们的意识所能认识到的部分展开深刻的研究。此外，涂尔干在介绍社会学以及研究社会的方法，应该是什么样子的时候，看似是

---

　　①　据笔者的阅读经验，这种对"权威"态势的关注，还出现在法国现代社会理论家身上，比如布迪厄"社会炼金术"的说法。在《文化资本与社会炼金术》（上海人民出版社，1997 年版，第 200—201 页）中，布迪厄论述"制度化的文化资本"时提到："正如梅洛—庞蒂所说，活人通过哀悼的仪式确立了自身的死亡，这种社会炼金术也通过集体的魔力确立了资本的体制。……在这种情况下，人们可以清楚地看到体制性权力的行为魔力，看到显露自身的权力和捍卫信仰的权力，换言之，看到强迫别人接受'社会公认性'的权力。"所以笔者认为，无论是否明确指认自己走的是涂尔干的传统，"权威性"是社会学家关注一些平常事件中不平常之处的重要立足点。
　　②　涂尔干：社会学方法的准则，商务印书馆，第 19 页。

从其他"科学"学科引入的思维和方法，这一点和孔德《论实证精神》引用的天文学、数学、物理学、生物学和化学研究方法类似。

涂尔干和孔德的实证主义至少有三点不同：第一，他明确指出，社会学思维和研究对象的独特性是研究那些"科学"学科所研究的实在之"物"之外的，更偏向于精神层面的社会现象，但又由于其集体性，不得不把它们视为另一种形式的"物"来看待。第二，涂尔干并没有强调社会学在"预测"方面的作用，他想做好的只是虚心地、不做预先哲学假设地认识社会现象，把"物"的固有本性理解好了，就是社会学的成功。第三，在孔德那里，神学和形而上学一样，属于曾经有用，但是现在必然被淘汰的东西，而涂尔干却把社会特殊意识形态、仪式等一系列明显不属于孔德的研究范畴的社会表象，视为全社会的信仰和习尚，这种来自社会的"权威性"非常吸引涂尔干，而且这其中对人们带来的"福利"感，是更内在的、深奥的，虽然几乎不能通过简单的外在特征来认识，但依然是社会事实的特征之一，涂尔干予以重视。至于1912年出版的《宗教生活的基本形式》，可能就是涂尔干对他这种想法的具体实践。

四、总结

现在可能没有人会标榜自己用了实证主义或功能分析，因为它们经常受到批判，但思维方式还是那样的。或许没有所谓"过时"的理论，就像涂尔干虽然反对马克思、滕尼斯的国家主义，却吸收了集体的、略显机械的整体论；他还反对斯宾塞的"个人主义"、社会完全独立性，却吸收斯宾塞早期实证主义的那种有机体思想和历史哲学。如果"发现某理论中有讨论的空间，或不合自己观念之处"就要封它为"过时"，往往会影响我们去正视它们的价值。

如果"抛弃"了某人的理论，以涂尔干为例，那我们就很难看到他早期《社会分工论》同后期《社会分工论》"第二版序言"①之间，社会和个人关系的微妙变化；以及《社会学方法的准则》中对社会强制性的解释，同《自杀论》中个人在解释社会事实的差异性，把个人行动描绘成时而被动时而主动的东西，使社会对个人的作用呈现为一种"矛盾"的现象。

五、有关讨论

就《社会学方法的准则》一书而言，一些"横向关系"是涂尔干欠缺讨论的。一方面，缺微观——个人或部分之间的关系他没有讨论，比如人际互动和心理过程，涂尔干只是把它看成结果而已；另一方面，缺宏观——整体之间的关系他也没有讨论，不太关注系统和系统之间的关系，而更关注某个系统内部怎么演变的。

就涂尔干的重要靶子——心理学而言，当年的心理学是以行为主义为主的，而20世纪六七十年代心理学产生认知科学革命，现在的社

_____

① 可以认为《职业伦理与公民道德》是对"第二版序言"中提出的社会市民组织作用的具体展开。

会学怎么看和神经科学结合的社会学，又是一个崭新的问题。

在涂尔干的博士论文《社会分工论》中就表露了很明显的功能主义倾向，第一章开篇就介绍什么是"功能"，功能分析怎么做。事实上，涂尔干的后来者也对功能分析进行了发展，比如美国社会学家罗伯特·金·默顿提出显功能、潜功能和负功能等概念。其负功能的概念似乎能解决涂尔干理论和经验的内在紧张，比如只有在不受集体良知支配的社会里，一些失范的行为被视为正常的，给道德变革以可能，但在受集体良知支配的社会中，道德怎么发挥作用，作用是单向的吗？对于它们又该做何解释？如果按照功能主义、功能分析的脉络进行梳理，诸如帕森斯等理论家就会参与其中，如此梳理当有不少收获。

"韦伯热"的魅力：韦伯的方法论与新教伦理

理论家研究的"方法"问题涉及他们对"研究社会的学科"的观点和看法，往往是后人理解他们其他的作品甚至整个思维体系的首要工作。笔者先前已经围绕孔德的《论实证精神》和涂尔干的《社会学方法的准则》分别进行了分析论述，而韦伯的方法论文本较这两者更多，且他有诸多一贯的经验研究的材料可以作为对照，故本文将换一种写作方式，主要将韦伯的方法论文本，同《新教伦理与资本主义精神》这篇韦伯的实质社会学经典研究著作做对应性阐释。

韦伯生前尽管想要形成方法论文集，但最后实际由夫人玛丽安娜在韦伯去世后，于1922年整理形成第一版并定名为《科学学说文集》，后又出数版，部分文章的选录有所调整。2013年被台湾学者张旺山先生系统地译成中文，并定名为《社会科学方法论》，本文使用的就是张先生这版。

经验研究对照的是韦伯《宗教社会学论文集》第一部《新教伦理与资本主义精神》，笔者认为其展现方法论的核心内容是第二卷第二章。在这一章中，韦伯终于实现了新教伦理和资本主义的关系性勾连，前文更多的是深入这两者之一进行解释。

一、方法与复杂经验的关联何以可能

从历史来源上看，从《韦伯方法论文集》中可以看出韦伯放了很多的精力来解释《社会科学和社会政策文库》的内容，比如《社会科学的与社会政策的认识之'客观性'》一文的第一部分就是以编辑群的名义为《文库》的性质和命题提出想法和要求。[①] 而新教伦理这篇论文最初就发表在《文库》中，但它没有引发如潮的好评，而是招来不少批判。张旺山先生认为"韦伯的《新教伦理与资本主义精神》出版后之所以引起如此多的争议、误解与不解，很重要的一个关键因素，就是多数读者未能掌握韦伯的方法论思想"[②]，这点引起了笔者的注意。那么，韦伯的方法论在实践上何以可能？张旺山先生从学术史的角度提供了一个历史事实："理想类型"的概念对新教伦理的写作有重大意义，他考证了韦伯个人学术史上两者的创作年代之近，思想之相似。笔者认为除了使用了"理想类型"这一概念工具之外，还有更多的方法细节值得关注。

---

① 马克斯·韦伯：韦伯方法论文集，联经出版公司，第 171 页。
② 同上，第 47 页。

从思想内容上看，方法论一书为我们展现的是，韦伯如何从"历史（文化科学）"的一种——国民经济学，也是他一生所讨论的重要命题，拓展延伸到逻辑问题，这其中就包含《新教伦理与资本主义精神》非常符合"文化史"的研究思路。正如韦伯所说，这是一部"纯粹历史陈述的论文"[①]，分析禁欲的理性主义意义完全是"作一番史学的探究"[②]。

二、新教伦理"禁欲与资本主义精神"一章的整体思路

韦伯在"禁欲与资本主义精神"这一章是从基督新教中的禁欲伦理入手的，由于前文已经论述过"职业理念"和新教伦理的联系，所以韦伯从第8段（文本的中间偏前部分）就开始融入世俗生活的一些因素，包括社会分层、生活氛围和市民心态并通过逻辑把它们串联起来。这一部分可以理解为过渡部分。从第15段开始则更加深入地讨论资本主义精神，包括资本主义生活样式的样貌，以及新教禁欲伦理在何种文化意义上影响世俗道德以及塑造不同阶级的理性生活样式，第19段则是韦伯做的未来人类的命运性预测，其中包含著名的"铁笼"隐喻。第20段，韦伯做了他的研究思路的总结，解释本卷研究"禁欲新教的职业伦理"的意义所在，并且讲了下一部分"新教教派与资本主义精神"的论述目标。

---

① 马克斯·韦伯：新教伦理与资本主义精神，广西师范大学出版社，第183页。
② 同上，第184页。

三、具体段落概括及方法论分析

（一）研究的基点

第 1—2 段为引入部分，本章中心句就在第一段，社会特殊意识形态力量是"形塑'国民性'的决定性因素"[①]。此外，韦伯还希望读者明白他在本章的论述风格：其一，本部分的主要特点是把"禁欲"作为基督新教的总体特征进行讨论，不再像前文一样做不同教派的分析。其二，巴克斯特对禁欲和社会特殊意识形态力量的阐释是讨论的中心。

在这一部分中，最重要的就是韦伯对于社会特殊意识形态力量作用的认识，他使用的词汇是"决定性因素"，即代表这一因素足够重要，但也只是诸多因素中的一种。这就是他的多元因果论，它和认识客观性的可能紧密联系在一起，也是韦伯《新教伦理与资本主义精神》想要给人们传达理念上的东西，即用新教伦理来理解资本主义在发生学上的因果关系，只是多种思路之一，绝不止一种单一的因果链条。这个问题在本章最后一段注释中有进一步的解释："因为以上的概述刻意地仅止于处理某些关系……从基督新教的理性主义逻辑地演绎出近代文化里所有的'特征'……那样的是尽可留给那些半吊子的业余者来做"[②]。

---

① 马克斯·韦伯：新教伦理与资本主义精神，广西师范大学出版社，第 144 页。
② 同上，第 184 页。

此外，韦伯凸显"禁欲"，体现出他在社会行动领域的建树。他关注个体行动的主观意义和行为产生的思维过程，而从新教伦理出发的禁欲，是由其信仰决定的某种价值理性。在《社会学基本概念》一文中韦伯做了"价值理性"和"工具理性"的区分，而且他还认为价值理性在某种程度上导致了工具理性，这个过程就是本章阐释的，人们的经济行为是如何达成某种世俗化的。

最后，韦伯特别提了一些他引用的人物材料，和本书前文的一贯做法一样韦伯选用有代表性的人物，比如富兰克林、路德、巴克斯特等人，这对韦伯来说，是重要的，是具有领导性的、决定历史走向的人（类似于"担纲者"，他们在那个时候可能没有发挥重要性，但他们对思想史有重要影响），也就方便韦伯去做一个理想类型的划分。

（二）以劳动观与职业观为基础社会分层观

"无为"在新教伦理道德中是没有道德甚至被谴责的，因此信徒应当刻苦劳动，甚至劳动就是生活的本身。无条件劳动是神意，神的这种戒律让不同阶级的人都要劳动，具体劳动内容已经通过天职的方式规定。

那么，这种理性的职业劳动观何以可能呢？要看"禁欲"的社会特殊意识形态力量。关于职业分工[①]的社会特殊意识形态伦理基础，韦

---

① 值得一提的是，涂尔干的《社会分工论》也注意到这种劳动分工不是纯粹经济因素的。

伯举例有三：意大利哲学家托马斯·阿奎那将分工和分化归于自然和偶然；德国基督教的创立者、宗教改革家马丁·路德将维持现有秩序诉诸社会特殊意识形态义务；巴克斯特则看重成果，这种取向不可谓不世俗，但他通过讲述工作理应具有规律性，同禁欲的讲求方法的性格相关联，并最终推导出追求理性的职业劳动，这就让他的思想是非纯粹功利主义的，并拥有清教徒特质。此外，具有正当性的职业劳动的标准有三条：无害他人、有益社会、收益佳[①]。

其背后暗含了一套社会分层的逻辑，新教的禁欲伦理指向了一种掩盖不平等[②]，即虽然在个人层面鼓励追求财富，但在社会层面维持资本分配的整体现状。韦伯的说法当然没有这么现代，他的表述为"强调固定职业具有禁欲的意义，赋予了近代专业人士一种伦理光环，对机会的神意诠释，也给予企业人士伦理上的荣耀"[③]。因为就资本主义的风格来说，清教强调理性经营和劳动的社会特殊意识形态伦理，影响到"选民"心理的某种确证，进而塑造了清教市民阶层的生活氛围，甚至形成了他们的阶层性格，影响着社会伦理规范。

韦伯的这种社会分层不是纯经济因素的分层，他纳入了一些具有

---

① 这是最主要的判准，因为正如前文所述巴克斯特非常看重"成果"。

② 韦伯的文本中没有这种价值判断用语，这里是笔者为了适应社会分层领域做的选择。

③ 马克斯·韦伯：新教伦理与资本主义精神，广西师范大学出版社，第157页。

意义感的元素①，比如上段提到的"伦理上的荣耀"。他解释近代西方历史中具有独特性的历史现象——资本主义时，诉诸某种文化价值的源泉——禁欲主义新教，这点受到李凯尔特的影响，是从"文化意义观"角度进行分析。它能够克服那种个人与经济结构的机械联系，从"观念"出发，联系到"动机"，对个人的生活样式和生产方式角度产生影响，从而影响到社会行动的取向。

（三）禁欲的社会行动

（1）对理性禁欲的拒斥。

禁欲反对本能享乐，具体表现为欢庆世俗节日、巫术性祭典性迷信活动、增耀人的艺术都是清教徒们所拒斥的，这就是清教的生活氛围，禁欲的具体形式对资本主义发展的意义巨大。可以看出上段所论述的文化意义思维逻辑，在这两段中非常明显。

（2）对新教入世禁欲的总结。

第14—15段是韦伯非常精练的概括，收录了第3—12段的内容，笔者感觉已经不用再概括了。不过值得一提的是，韦伯在这一部分的最后明确了这种新教禁欲伦理担纲者的另一个重要身份②：市民。由此，新教禁欲伦理才和资本主义精神真正接洽了起来。

---

① 韦伯关于中国社会与文化的观点，在某种程度上反映了欧洲学者的看法。在分析西方的新教伦理和资本主义精神时，也存在这样的认识偏向，背后都是韦伯对于"意义"的关注。

② 第一个身份是教徒身份。

正如上文所述，意义范畴的事物只能通过社会行动而产生，而此时韦伯告诉我们，行动的主体赋予行动以主观意义。社会行动在韦伯的认识论、方法论视角中足够重要，但离开人主体的具体行动的意义是不存在的[①]。

（3）新教禁欲对生活样式的影响。

基督徒中新教徒、新兴小市民（小资产阶层、工人无产者等）和农民阶层的生活样式受到禁欲伦理的深刻影响。

经济上，他们整体上趋于勤俭节约，并在生产端抓住一切机会努力获得和积累财富，形成"市民职业风格"[②]。这种风格是从"天职"观出发的，劳动者辛勤劳动，企业家努力营利，这种具有社会特殊意识形态根基的思想产生出极强的"驱动力"[③]，新教徒那种视劳动和产业为义务的伦理追求，塑造了市民营业道德，或者说"市民的经济风格"[④]。

文化上，从禁欲进入市民职业生活，影响职业观念上的理性生活样式起，它就已经开始支配世俗道德。但这种支配不是永恒的，甚至在当时部分资本主义国家已经出现社会特殊意识形态——伦理与营利目的脱钩。近代经济秩序为人们覆上"钢铁般的牢笼"，这秩序本身是

---

① 艾伦·斯温杰伍德：社会学思想简史，社会科学文献出版社，第 146 页。

② 马克斯·韦伯：新教伦理与资本主义精神，广西师范大学出版社，第 176 页。

③ 同上，第 179 页。

④ 同上，第 181 页。

禁欲精神带来的，但后者也开始逐渐抽离这座牢笼①。吊诡②之处是，资本主义精神从禁欲伦理这儿来但不往伦理义务去，清教徒和"我们"必须成为"职业人"，这样的"空无者"可能是未来人们的形态。

　　因此从方法论的角度，韦伯试图用解释学的工具来理解行动，甚至用于人类历史这个被孔德这种实证主义者视为外在于人的客观规律性事物的分析中。但解释学是德国历史学家们分析文本和作者的工具，韦伯还有更早的关于狄尔泰"试图将对文本的理解扩展到对社会生活的理解"③，在新教伦理这里就体现为对行动的文化和社会结构背景的关注，新教伦理如何从比较局限的社会特殊意识形态教义对信徒的影响，到更广泛的社会中其他个体身上，要想理解这种宏观而又有些主观的状态，需要"理解"性质的研究的介入，这种介入似乎又必然导致某种文化整体的概念，同时，也在呼唤韦伯的社会学提出的因果分析。

---

　　①　完美人性是向内的耕耘，钢铁牢笼象征着外在事物。看《新教伦理与资本主义精神》第 167 页："清教生活氛围的后续深耕所能促进而且事实上的确也有所助益的，是人格的强力向内深化……只是直到后续的世代才能领会到这样的效用。"就能理解第 182 页，巴克斯特认为"对外在事物的顾虑"理应是人们拿得起也放得下的事情。但无论怎么说，笔者认为"牢笼"一词因为过度重视强制性的问题，使得韦伯的用语附上了他极力想要避免的带有价值判断甚至批判的色彩。
　　②　马克斯·韦伯思想中的"吊诡"很常见，在《经济与社会》"官僚制"一章中，专业官员需要通过专业考试、专业化训练才能实现良好的管理（"现代官僚制的特征"第 1097 页：官职的管理，至少是所有专业官职的管理——而这样的管理显然是现代的——通常都是以某个专业化领域的训练为前提），但顶级官员不需要专业文凭（第 1102—1103 页：结果是，担任最高级的政治官职，尤其是"部长"职位，一般都无须这种文凭）。
　　③　乔治·瑞泽尔：古典社会学理论，世界图书出版公司，第 214 页。

此外，从韦伯做的"职业人"推断可以看出，他关心个人在现代文明的命运，但是和齐美尔不同的是他从新教伦理这种整体论的范畴出发进行分析，而不是某种社会原子。

（4）价值中立。

在论述过程中，韦伯希望尽可能避免价值判断，"不过，这样我们就涉入了价值判断与信仰批判的领域，而这是纯粹历史陈述的论文所不该承担的"①。做史学探究、事实研究，唯心主义和唯物主义的讨论可以为其铺垫一些进路但不能当作结论："虽然如此，我们当然也并不打算以片面的唯心论的文化与历史因果解释，来取代同样片面的'唯物论的'文化历史观。对于历史真实的解释，两者是同样可能的，但任何一方，如果不是用来做研究的准备工作，反而是重做研究的结论，那么同样会是一事无成。"②换言之，价值的作用应当仅限于社会研究开始之前，让它们的影响仅限于对研究内容的选择，在方法论中"客观性"一文有一句很精彩的表述："科学一旦说话了，就不再是科学了"③，运用社会"科学"处理社会特殊意识形态信仰、政治政策、音乐艺术等问题时，要像新教伦理的禁欲特征一样，有所克制，有所限制，正如苏国勋老师所说："这是韦伯针对孔德企图建立一门包揽一切的、总体的、普遍的'社会学'所做出的批判。"④

---

① 马克斯·韦伯：新教伦理与资本主义精神，广西师范大学出版社，第183页。
② 同上，第185页。
③ 马克斯·韦伯：韦伯方法论文集，联经出版公司，第183页。
④ 苏国勋：理性化及其限制，商务印书馆，第272页。

李凯尔特主张文化科学避免价值判断，做到客体联系价值观念即可，两者之间有相关性，这对韦伯的解释社会学也产生了一定的影响。

四、总结

方法论中关于"客观性"的讨论，更多地为我们理解韦伯为什么会写《新教伦理与资本主义精神》提供思路，这是他作为研究者的研究兴趣问题，这种价值选择和兴趣的存在是得到韦伯认定的。

关于"价值中立性"的看法则直接体现在《新教伦理与资本主义精神》具体论述中；关于多元因果论是和认识客观性的可能紧密联系在一起的，也是韦伯用新教伦理来理解资本主义在发生学上的因果关系之思路。

关于"理想类型"是他"理解的社会学"概念工具的统称，是实践他的多元因果分析的具体方法和途径。首先，思考这一概念工具，需要回到韦伯所处的历史环境及其学术脉络中。德国哲学家、社会学家威廉·狄尔泰和德国哲学家李凯尔特对社会科学理解有二：首先，狄尔泰主张将理解同解释联系在一起，对韦伯的因果分析产生启发。李凯尔特的价值观念的关联性，对韦伯的解释性社会学产生了一定的影响。其次，从具体的《新教伦理与资本主义精神》一书中，可以看到类型化和发生学研究方式的融合。"理想类型"不仅存在于韦伯支配社会学里面"合法统治的三个纯粹类型"，书中的"资本主义精神""新教伦理""禁欲主义""理性主义"等，都是历史的、个体的

现象概念，都是"理想类型"的概念工具。它们建立在一种以正式的
自由劳动的合理组织、工商业分离独立出家务的具有合理的法律和行
政制度保障的组织形式上，建立在加尔文派、虔信派、卫理公会、浸礼
会等中间现象中，针对西方近代资本主义这个特定社会现象进行理解。

中国取向：
观念与习惯
——兼论行动与微型社会学方法论

费孝通三次对江村的访问，始终关注的是"富民"的问题。在对农民观念（心理要素）与习惯（社会结构）认知的基础上，应用社会人类学者对未来社会的发展方向给出指导意见。而现实的政策时常产生非预期后果，这有可能通过研究者对方法论的雕琢得到改善，在深描农民主体行动的基础上，加入城乡互动等超越了微型社会学方法论的视角，后续对市镇的研究是为求得更精准，而非追求"全面"的认知。

一、由农民性格与国家之手共筑的粮食问题

（一）1936 年，初访江村："中国农村真正的问题是人民的饥饿问题"

费孝通认为，虽然土地问题是农村问题的重点之一，但是最根本

的问题是农民的饥饿问题①，最终还是要通过发展工业来振兴全中国，这个思路和新中国成立以来"剪刀差"城乡二元制度不一样，因为在国家政策制定者看来，发展军工、重工业才能让国家强起来。而费孝通认为乡村工业才能真正地让农民富起来。国强民富或许很难同时推进，但终究是发展过程中需要解决的两方面问题。

仅实行土地改革、减收地租、平均地权，并不能最终解决中国的土地问题。"但这种改革是必要的，也是紧迫的，因为它是解除农民痛苦的不可缺少的步骤"②。它一方面给农民以喘息的机会，另一方面排除了引起农民对抗政权的原因，才得以团结一切力量寻求工业发展的道路，值得一提的是，费孝通所提倡的工业发展道路是以恢复农村企业作为最根本的措施，其目的是增加农民收入，是先"富民"再"强国"的逻辑。

接着，费孝通认为当时以开弦弓村为代表的乡村手工业衰落的根本原因是西方工业入侵，大大加深了农民的贫困，但是农民也自发地形成了一些在费孝通看来有借鉴意义的策略——家庭蚕丝业企业应时代的变化变为合作工厂，这个中国的本土实验和西方资本主义工业发展形成对照，就是旨在防止生产资料所有权的集中。

---

① 费孝通：江村经济，上海人民出版社，第 211 页。
② 同上，第 213 页。

（二）1957年，重访江村："我们被粮食二字吸住了"[1]

粮食问题有两个问题，首先是"够不够吃"的产量问题，其次是"吃多少才够"[2]的问题。关于后一个问题又有两个层次，一方面是营养问题，另一方面就是习惯问题。

在进行走访后，费孝通看到合作化片面强调农业，生产积极性带来了消耗的积极性。进入社会主义集体化以前，出于朴素的生存技巧，农民"心中有数，把紧了吃"[3]，哪怕到了青黄不接的时候粮食也不至于紧张，这是农民原本应对自然风险而形成的习惯。

在费孝通笔下的20世纪50年代末的中国农村，人们的生产积极性很高，对生产的崇拜掌握着价值主流，而到了阎云翔笔下的中国东北农村的变革中，城市传导的消费主义已经试图在农民的观念深处扎根。[4] 在1981年10月费孝通三访江村的记录中，我们能看到这样的变化："至于穿着，已经超过了保温的要求。对于年轻人来说，时行的式样成了主要的考虑。手表对他们计时的用处可能还不及装饰的功能；上一代的手镯已让位给上海牌的手表了。"[5]

---

[1] 费孝通：重访江村，《新观察》1957年第11期。
[2] 同上，第12期。
[3] 同上，第11期。
[4] 阎云翔：私人生活的变革，上海书店出版社，第207—208页。
[5] 费孝通：三访江村，《新华文摘》1982年第1期。

（三）1981 年，三访江村："农民手上的钱怎样花法"①

随着个体经济的发展，农村经济结构的变化是农村集体经济部分本身的结构变化，主要表现在农业占比下降，副业有所增加和工业激增。同时，由于农民生活的改善，生产积极性的提高，也促进了集体经济的发展。

农村经济繁荣起来，货币大量流入农村，农民手上有钱了，如何花钱，到这个阶段就可以说如何"消费"，在费孝通眼中就成了一种具有调控意义的事情。②

二、工业、资本与俭省

费孝通指出真正需要关注的是工业的问题，"从农村经济结构中农业、副业、工业三方面来看，发展前途最大的显然是工业"③。但发展工业必须要有足够的资本积累，我们一方面通过社会主义取消了剥削，另一方面也没有海外扩张所得的殖民地来供给发展工业所需的产品，所以想要进一步发展生产力，必须要靠积累，还得找到一条和西方资本主义不同且更为迅速的方式发展，才能追上时代大潮。

这个方法应从农民的观念与习惯之中探索。在《江村经济》中，费孝通在第二章描述了一个容易被忽略掉的现象——内外之分，并不

---

① 费孝通：三访江村，《新华文摘》1982 年第 1 期。
② 同上。
③ 同上。

根据生活的时间长短来划分，而是通过文化特质来标志，而且作者发现这种区分对于当地人很有意义。① 从总体性社会事实的角度或者微观社会学的文化整体观角度，产业发展与农民作为行动主体的观念和习惯是分不开的。在《乡土重建》一书中，费孝通明确指出在城乡互动的视域，需要自力更生地积累资本，有赖于农民的心理和社会结构要素，"节约消费去创造资本"。②

费孝通在《乡土重建》一书中的落脚点是提倡家族式的生产，利用家族主义完成对资本的自发的积累。之所以有这样的认识，需要回到《江村经济》中理解费孝通对中国农村（开弦弓村）"家"的分析，扩大的家庭和对亲属关系的延展，使家族主义的意识得以盛行。

费孝通对只勤不俭的开弦弓村农民的分析和韦伯的研究思路十分相似。费孝通认为，"一个不足以维持不饥不寒的生活的生产者不但在体力上支持不住他的生产工作，而且在心理上找不到工作的意义"③。按照韦伯对西方资本主义精神的分析，在早期资本主义阶段，劳动者的生活是极其痛苦的，其生产的剩余价值虽然被企业家提取，但企业家们同样禁欲，这是因为他们已经把生产和创造财富视为目的本身，但对于中国农民而言，并没有超自然的上帝的信念，有的是对切近的家族利益的关注，"中国乡土社会中，一直到现在，最有力的动力是'创

---

① 费孝通：江村经济，上海人民出版社，第28—29页。
② 费孝通：乡土重建，湖南人民出版社，第149页。
③ 同上，第156页。

立家业'……这被自己祖先血汗所浸透的土地，在他们自有着超出于经济打算的爱护"[1]。对勤俭的耕植，已经不能用西方经济学说的"边际效应"原则进行解释，只能通过家族主义来归因。

三、讨论观念与习惯问题的意义

费孝通指出，对政策方向变化和对文化变迁的判断，最关键的是对社会制度进行功能分析[2]，这也是英国社会人类学家马林诺夫斯基在序言中提到的应用社会人类学方向体现。

费孝通从来不满足于呈现、描述和解释，他总会在结尾或是中间的关键段落做一些推断，一些推断在后续的发展中成为现实。比如，费孝通在 1938 年完成现名为《江村经济》的论文中指出，中国仅土地改革是不够的，必须发展工业，中华人民共和国成立之后，果然在处理好农民的土地问题之后就接连开展了几个"五年计划"；在 1957 年完成的《重访江村》的文章中，费孝通指出农民们盲目乐观不是好现象，在面对各种风险时有很大的饥荒的可能。果然，1958 年"大跃进"后就是"三年自然灾害"，问题的核心还是粮食。

然而，规划工作不总是和现实完全重合，政策的实行经常出现非预期后果。

几十年后的今天，可以发现费孝通的一些判断和呼吁，并没有成

---

① 费孝通：乡土重建，湖南人民出版社，第 167 页。

② 费孝通：江村经济，上海人民出版社，第 15 页。

为现实。比如"工业下乡"的乡镇企业的发展命运，在一开始费孝通"觉得特别兴奋的是在这里看到了我几十年前所想象的目标已在现实中出现，而且，为今后中国经济的特点显露了苗头。在人口这样众多的国家，多种多样的企业不应当都集中在少数都市里，而应当尽可能地分散到广大的农村里去，我称之为'工业下乡'。工业下乡同样可以在国家经济结构中增加工业的比例，但是在人口分布上却不致过分集中，甚至可以不产生大量完全脱离农业生产的劳动者。在这个意义上，为具体实现工农结合，或消除工农差距的社会开辟了道路"[①]。

四、深描行为与交往视角的方法论

在《重读〈江村经济〉序言》中，费孝通集中地对微型社会学的方法论进行了反思，可以看出这对他从《江村经济》里走出来进入小城镇的研究起到了很大的作用。如果费孝通不打算走"应用社会人类学者"这条路线，[②] 他完全可以像利奇一样，满足于"微型社会学"的纯学理研究。但费孝通清晰地认识到"微型社会学""在空间、时间和文化层次上所受到的限制。"[③]

费孝通的反思建立在一个学术背景之上，英国社会人类学家马林诺夫斯基提出的"微型社会学"在中国农村的田野应用，受到了利奇

---

① 费孝通：三访江村，《新华文摘》1982 年第 1 期。
② 费孝通：重读《江村经济》序言，《北京大学学报（哲学社会科学版）》1996 年第 4 期。
③ 同上。

的责难。费孝通对这个责难的回应整体上仍然赞同马林诺夫斯基的思路，尤其是对"人文世界"的"整体"的理解。[①] 他指出，对中国农村的研究，想认识其整体状况，绝不是通过所谓典型个案的累加形成，而是对一个农村社区进行全面的深描，呈现出一幅完整的该社区的社会文化功能图景。在这里，文化是一种综合的图景，笔者认为这有涂尔干和莫斯的研究的"总体性社会事实"的色彩。

费孝通也在自己的考察和实践的基础上提出了"模式"的概念，[②] 在利奇对这一系列人类学者方法的解构工作之上，建构出这样一种解决方案："我认为有可能用微型社会学的方法去搜集中国各地农村的类型或模式，而达到接近对中国农村社会文化的全面认识。"[③]

[①] 费孝通：重读《江村经济》序言，《北京大学学报（哲学社会科学版）》1996年第 4 期。

[②] 同上。

[③] 同上。

变迁何以可能

——费孝通和阎云翔的民族志研究比较

费孝通面对的是一个高速变迁的中国，阎云翔也是如此。《江村经济》和《私人生活的变革》都是深度个案的民族志研究。费孝通看到的是农村经济逐渐萧条的根源，阎云翔看到的是农村无公德的个人的催生。费孝通关于国家法律制度影响家庭结构的观点，以及社会变迁引发的家庭内部诸如住房空间与家产分配等问题在阎云翔的研究中可以看到延续，但费孝通对当地经济结构尤其是蚕丝业的功能性分析，阎云翔对地方道德要素与情感生活的观念性分析，明显存在视角和方法上的差异。融合并接续这两种视域，能够为我们解答变迁何以可能的问题。

一、作者与作品

《江村经济》是费孝通出版的博士论文的中译本，"这次调查并不是有计划的，是由于受到了当时社会新事物的启迪而产生的自发行动"[①]。

1935 年，费孝通从清华大学研究院毕业后由该校社会学及人类学系推荐，取得该校公费留学资格。按惯例应于该年暑假出国，但史禄国教授主张在出国前应到少数民族地区实地调查一年，因而费孝通偕其前妻王同惠赴广西大瑶山。在此期间，他接受姐姐费达生的建议，去吴江县庙港乡开弦弓村参观访问，费达生在该村帮助农民建立了生丝精制运销合作社。这个合作社吸引了费孝通，在该村进行了一个多月的调查，直至出国前夕。

赴英国的航程中，费孝通把开弦弓村调查的资料整理成篇，并为该村起了个学名叫"江村"。到了英国，进入伦敦经济学院人类学系，最初见到该系弗思博士，他看了费孝通已经整理出来的材料，建议费孝通编写《江村经济》这篇论文。不久该系教授马林诺夫斯基从美国讲学返英国，费孝通向他汇报了江村调查的经过和内容后，他决定直接指导费孝通编写这篇论文。1938 年春季，费论文答辩通过，

---

① 费孝通：江村经济，上海人民出版社，第 3 页。

博士证明书上所标明的论文题目是《开弦弓，一个中国农村的经济生活》。[1]

二、作品结构

《江村经济》共十六章，马林诺夫斯基认为，贯穿此书的两个主题是土地的利用和农户家庭中再生产的过程。[2] 笔者认同这种看法，具体章节结构的脉络如下：第一至第二章，作者给出本次田野调查的时间和具体地点，其中包含了一部分对研究方法的讨论，但更多的反思是在《重读〈江村经济〉序言》之中；第三至第七章，作者以家户为核心线索，展现出当地农民的文化与社会样式；第八至第十五章，作者对开弦弓村的农业和副业、贸易与信贷做了分析，展现出村民们生产方式的变化；第十六章，作者反思农村经济萧条并分析出根本原因在饥饿问题上，发展的出路是乡村工业。

三、观点纵横

选择阎云翔的《私人生活的变革》作为费孝通《江村经济》的对话对象，一方面是因为两者观点和视角迥异，而且研究对象的历史阶段上有接续关系，有互补的可能性；另一方面，费孝通的开弦弓村和阎云翔的下岬村，都分别是两人形成早期研究的第一步（博士论文），

---

[1]　费孝通：江村经济，上海人民出版社，第3—4页。
[2]　同上，第9—10页。

而且之后有多次回访，对农村个案社区的深度分析，让两人的作品有了相当大的对话空间。

费孝通在第一章就指出，中国农村社区的变迁是中西方的共同作用，不是单纯的西化或者回归传统，[①] 这一点和阎云翔的观察非常相似，西方和下岬村的社会（社区）发生的变革原因不同，但是造成了相似的结果——个体主义的兴起（个体化）。

在工业化进程中，工作与家庭生活的分离而使家庭私人化。[②] 在集体化以及非集体化的两个阶段的进程中，新中国成立以来国家力量的干预（如计划生育、婚姻法与地方政策的执行等）造成非预期后果，到了 80 年代出现了新的推动力：客观上农民收入增加、生活条件好转以及市场经济改革带来的新的价值观（商品生产和消费主义），带来了"无功德的个人"。这里有一个脱嵌和重新嵌入的问题。农民生产生活原本的约束力是集体主义的价值观和社会主义的道德观，但在国家力量撤出的过程中，新的约束力并没有出现，在这种道德和意识形态的真空中，公众生活迅速衰落，农民的个性与主体性被限制在私人领域

---

① 费孝通：江村经济，上海人民出版社，第 13—14 页。

② 关于工业化以及"后工业社会"的相关讨论可见丹尼尔·贝尔《资本主义文化矛盾》：早期资本主义（新教伦理）和晚期资本主义（后福特主义）两个阶段之中。资本主义经济（市场经济、城市化、人口流动等原因），带来了大众享乐主义和晚期资本主义的道德观。参照韦伯和贝尔的观点，其原本的约束力是社会特殊意识形态的禁欲伦理，但随着"宗教冲动力"和"经济冲动力"越来越不能达成平衡，禁欲仅仅存在于生产领域，而消费领域已经是纵欲的了，这里就发生了一个资本主义经济体系内部的断裂。

之内。

费孝通认为，社会制度的变革可能带来的种种后果更要求研究者对形势做出精确的分析，就老人赡养问题与家庭权力结构的分析，费孝通和阎云翔为我们呈现出两种不同的逻辑。

费孝通指出在民国时期，财产继承法和婚姻制度导向了男女不平等享有的义务责任关系，"从夫居"以及联合家庭的分家导致女性承担较少的赡养老人的义务。① 因为赡养义务有双重根源，经济伦理根源是继承了父母的财产，就要为父母劳动；社会特殊意识形态伦理根源是，鬼魂观、灵魂与肉体的羁绊让子女的义务一直延续到老人死亡之后。在这个过程中，子女义务和责任的增加的另一面，是父母权威的逐渐减弱，最终完成家的更迭。②

在阎云翔《私人生活的变革》中，我们可以看到在新《中华人民共和国婚姻法》颁布后，下岬村出现了彩礼变"干折"，本来是礼物性质的彩礼，变成了提前的遗产的分割。和下岬村不一样，开弦弓村由于其特殊的经济模式中蚕丝业十分重要，这直接影响了女性在家中的地位。挣钱的女性从家庭成员中分化，也促进了单个家庭从复合群体中的分离。③ 费孝通特别分析了经济生产方式的变化对亲属关系的影响，笔者认为阎云翔在土地所有权、生产组织方式、法律制度的变革等方

① 费孝通：江村经济，上海人民出版社，第14—15页。
② 同上，第60—65页。
③ 同上，第40—47页。

面，可能是对费老研究视角的一种继承和补充。

费孝通认为"在男方和女方亲家之间，很明显地缺少经济的互惠关系"[1]。所以只能通过短期的钱财交换的形式存在，比如嫁人给的彩礼，休妻时要给的六七十元钱。[2] 费孝通的这种视角具备明显的结构功能主义色彩，而阎云翔则是观念—行动的逻辑。

笔者认为，费孝通和阎云翔都给出了一个变迁的基本规律——社会（区）文化的变迁滞后于制度的变革。

---

[1]　费孝通：江村经济，上海人民出版社，第 49 页。
[2]　同上，第 48 页。

第三章　问题导向：从私人困扰到社会制度

"双减"政策——基于多源流分析模型的公共政策分析。
素质教育的理想与现实——对北京市 2014 年至 2021 年
中学教育改革的阶段性考察。
"双百计划"——作为典型的瞄准社会政策的社会工作。
西部民族地区乡村振兴的制度与实践——基于风险社会
理论的考察。

"双减"政策
——基于多源流分析模型的公共政策分析

一、引言

个人学业和孩子的学习状况在中国语境中是一种私人困扰，作用并反作用于家庭策略，但国家之手起着重要的调控作用，是社会制度对教育的影响力传导。与以往"减负"政策相比，"双减"政策主要针对义务教育阶段学生过重作业负担和校外培训负担。适宜使用多源流分析模型对该政策的渊源以及主要特点进行分析，并对其发布的时间点和可能效果做出学术性评述。

《关于进一步减轻义务教育阶段学生作业负担和校外培训负担的意见》（以下简称"双减"政策）是中共中央办公厅、国务院办公厅于 2021 年 7 月 24 日正式印发的政策意见。"双减"政策虽新，却"一脉相承""源远流长",故本文选用多源流分析模型为工具,对"双减"政策提上议程,做更科学、合理、有效的解释和分析。

二、"双减"政策的多源流分析

(一)问题源流

事实上,早在 2002 年就有学者指出学业负担与学习时间不是简单的正比关系,并且建议实施"减负"对策,[1] 只是那个时候教育竞争和压力没有到达最高峰。随着人民生活水平不断提高,对美好生活的需求也日益增长。造成的结果是公共教育和个人压力挂钩。陈霜叶和柯政指出,中小学生课业负担问题已经从"个人困扰"上升为"公共议题",而且"一部分的课业负担焦虑并非来自学生主体,而是成人在不同的儿童观与教育观假设下,对当前激烈教育竞争的反应"[2]。因此,政府不仅需要推行相应的教育政策,还应将"减负"视角扩大至全社会,而不仅仅是学生和老师这一对最直接的学业关系。社会需要涵盖这一系列领域的公共政策,而"双减"政策的出台就符合这个趋势。[3]

同时,笔者认为美国社会学家赖特·米尔斯的社会学想象力还启示我们,隐伏在私人困扰之后的是结构转型,我国人口结构问题,同

---

① 施铁如:学业负担模型与"减负"对策,《教育导刊》2002 年。

② 陈霜叶,柯政:从个人困扰到公共教育议题:在真实世界中理解中小学生课业负担,《全球教育展望》2012 年第 12 期。

③ 具体分析参见"政治源流"部分。

学业压力和教育状况息息相关。贾志科等人的研究表明，家庭养育成本日益成为低生育时代育龄群体生育决策最为重要的影响因素之一。[①] 汝汀指出，孩子的"学业压力"直接导致整个家庭的"学业焦虑"，如果学习压力依然日益增长，很多夫妻会不敢"焦虑"，这将影响到"三孩"政策的效果。[②]

我国义务教育阶段学生课业负担监测与公告制度建立和实施状况的研究颇多，研究者将"课业负担"细分为校内和校外、主观和客观等多元评价维度，义务教育阶段的学生所面对的压力不再是笼统的概念，变为可观测的指标。王云峰等人的研究表明，与 2011 年相比，2013 年学生的负担仍处于相对较高水平。即使政策文件明确要求睡眠时间、家庭作业时间、校内周课时量、校内课外学习等几项内容，满足 10 小时睡眠的学生仅为 27%，仍有 31.9% 的学生不能在 1 小时以内完成家庭作业，有 56.5% 的学生校内周课时量超过 30 节，有 41.1% 的学生仍参加校内的课外学习。[③] 此外，减负政策出台之后一段时间就会出现反弹现象，这似乎是规律性的。只要国家非常重视并颁布一系列政策措施解决课业负担问题，课业负担就会有所缓解；待政策影响的"光环"降低消散，课业负担问题又会卷土重来。

---

① 贾志科，罗志华，张欣杰：我国家庭养育成本的研究述评与前景展望，《西北人口》2021 年第 5 期。

② 汝汀："减负令"为"学业焦虑"松绑，《沧州日报》2021 年 6 月 3 日第 2 版。

③ 王云峰，郝懿，李美娟：小学生课业负担与学业成绩的关系研究，《中国教育学刊》2014 年第 10 期。

（二）政策源流

1. 技术可行性

改革开放四十多年来，中小学减负政策的变迁主要有四个阶段：片面追求升学率纠正时期、素质教育推进时期、新课程改革时期和全方位减负时期。针对课业压力过重的问题，政府从简单的教育管理走向综合治理模式。减负治理技术越来越成熟，一路走来也积攒了不少政策经验。

事实上，早在 2014 年就有学者指出，政府应该从影响学生时间分配的内部机制出发，设置调节利益的杠杆，比如改革考试制度和引入准市场机制，以引导学校、家庭以及学生等有关利益主体理性决策、平衡安排学业活动、合理分配学习时间以及优化任务结构，而不是"一刀切"地出台文件规定"不留作业"或"少留作业"，"不考试"或"少考试"。[1] 该学者想法固然理想，但是可行性较低。因为相关利益集团之间的关系已经成熟，而利益杠杆的撬动见效较慢，学业压力对当下人口结构的影响又很严重，劳动力问题直接影响社会经济发展。所以政府必须快速解决问题，通过渐进式的改革考试制度，督促校内教学质量提高，并直接规定学科类培训机构不准市场化经营。"双减"政策面向政府、学校、课外培训机构三个主体同时改革，此举并非盲目，经

---

[1] 马健生，吴佳妮：为什么学生减负政策难以见成效？——论学业负担的时间分配本质与机制，《北京师范大学学报（社会科学版）》2014 年第 2 期。

验早就由过往政策积攒起来了。

（1）义务教育阶段最重要的中考高考改革已在多省试点，技术逐渐成熟。

自 2014 年国务院印发《关于深化考试招生制度改革的实施意见》（国发〔2014〕35 号）以来，截至 2023 年，全国已经有 14 个省分三批启动了高考综合改革。在考试学科方面提供了更多的选择性，第一、第二批改革试点省份采用的是"3+3"的模式，而第三批则改为了"3+1+2"的模式。为高等教育提供优质又兼顾个性的人才。[①]

就体育中考，教育部已经成立了专家组，正在进行全国各地体育中考工作的系统梳理，同时加大推广云南省的经验。云南省的体育中考是分三年分别进行，三年的成绩累加，这也是教育评价体系改革文件里面要求的，要增加过程评价。2023 年，全国已经有江苏、湖南、云南和河南省 4 个省全面启动美育中考，在此基础上，山东、四川、山西、内蒙古、吉林等 6 个省、12 个地市已经开始中考美育的计分，分值在 10 分到 40 分之间，云南省从 2023 年开始要增加到 40 分。[②]

（2）规划课余时间的政策"铺垫"。

2021 年 7 月 13 日，教育部举行新闻通气会，介绍义务教育课后服务和暑期托管服务工作有关情况。教育部基础教育司司长吕玉刚在

---

① 齐鲁晚报齐鲁壹点官方账号：《七年分三批次在 14 省份落地，聚焦新高考改革的变与不变》，发表时间为 2021 年 8 月 9 日。

② 武汉生活网："美育中考是什么—考什么—考哪些内容"，发表时间为 2020 年 11 月 5 日。

会上介绍，推行课后服务"5+2"模式，即学校每周5天都要开展课后服务，每天至少开展2小时，结束时间要与当地正常下班时间相衔接。"5+2"政策不仅能为家长省去看管孩子的时间，也可以通过占用课外自由时间来尽可能避免家长继续购买课外学科培训课程，这就体现出政策之间相互联结和配合的效果。

（3）经济领域宏观调控可行性。

"双减"政策第十三条规定："学科类培训机构一律不得上市融资，严禁资本化运作；上市公司不得通过股票市场融资投资学科类培训机构，不得通过发行股份或支付现金等方式购买学科类培训机构资产；外资不得通过兼并收购、受托经营、加盟连锁、利用可变利益实体等方式控股或参股学科类培训机构。已违规的，要进行清理整治。"完全合乎我国的经济体制和法定政府职能。不再"设置利益杠杆"，而是直接让利益消失，可见国家的决心之大。

2. 价值观念的可接受性

为孩子减少学业负担的价值立场，具有正义性和公平性，并考虑了个人的价值尺度。正义性体现在保护未成年人身心健康发展上，公平性体现在教育公平上，提高学校教学质量保证学生学习效果，并禁止花钱买分数的恶性竞争。此外，"以学生为中心"的思路本就是家长、学校和政府的初衷，所以可接受性较强。只是具体怎么操作，施行怎样的政策，需要经历长时间的研判，并以实际情况为标准检验效果。

事实上，随着减负问题的讨论逐渐深入，政策不仅涉及"以人为本"的价值，还触及"为何而学"的问题，直指教育的本质价值——"学以成人"。研究者指出："如果将中国学生的课业负担研究与政策导向再向前推动一步，可以考虑将学生在学校与学校外的课业经历从一味的'增''减'之争，转向对为什么需要学生课业以及当代我们需要学生通过课业经历获得什么的讨论。这势必将更有利于突破现有的政策困境，为课业负担的议论提供新的视角与可开创的空间。"[1] 全社会对教育的反思越深入，面对政策改革将越收获更多价值共识。

（三）政治源流

1. 国民情绪

随着多年来的宣传和减负之路的政策推进，社会上一直存在不满的声音：学生和教师群体反映自己在过往"减负"之路中被"增负"；家长担心输在起跑线上，认为相关政策治标不治本；学生因学业压力过大造成抑郁和自杀现象屡见不鲜，引起社会关注……国民呼吁更好的教育改革政策出台，真正实现减负。

2. 压力集团

压力集团主要由既得利益者组成，特别是本次"双减"政策的主要作用主体——私人垄断教育机构。这些机构一边将义务教育变成自己的摇钱树，一边制造差异，创造焦虑。

---

[1]　陈霜叶，柯政：从个人困扰到公共教育议题：在真实世界中理解中小学生课业负担，《全球教育展望》2012 年第 12 期。

3.政策理念

我国的政治环境比较稳定，改革开放以来的中国真正的范式是"政策主导范式"，为教育制度改革创造了良好的土壤。我国在对义务教育等具体政策的"自我革命"中，赋予国家治理更多的活力，为人民生活不断创造更好的生活环境。

三、基本评价

（一）正面

"双减"的内涵不仅是减轻学生课内和课外负担，从更宏观的层面看，既有望减轻学生的学习负担，也有望减轻家长的养育负担。根据多源流决策分析法，笔者认为"双减"政策应时而出，不仅是教育领域的问题，更是回应当代社会与人口问题，而且其体系化程度较以往而言更强，治理技术也更加综合。

（二）负面

"双减"政策不影响大学教育及职业教育，可以理解为"双减"政策希望破除的不是宏观的教育系统的所谓弊端，而是人们面对"一考定终身"机会时盲目行动的社会现实。"对家长来说，'双减'政策缓解了焦虑，也带来了迷茫——戒断补课？考试选拔制度没变，分数依旧是命根。把老师请到家里'一对一'补课，更加重了经济负担。"①所以关键问题在"破而后立"的"立"，"双减"政策虽然有更高的体系化程度，但依然是问题导向型政策，即哪里出问题就整治哪里，政策文件中缺少建立新型教育体系的相关规划。

四、发展看法

人们对教育改革的态度已经从被动接受，到主动"索取"。再牢固的利益集团在公共政策和国家机器的力量面前也会逐渐松动。所以，希望是有的，而单独一个政策很难称得上是"完整"的，政策在发展和创新的同时，也在不断地调整和纠错。可以通过推动教师评测改革、假期校内托管和真正减少地区学校差异等方式，继续给普通家庭提供较高质量学习服务，保障教育公平，维护竞争秩序的稳定。

既然如此，后续的教育政策可以转换思路——增加机会，即降低应试考试及其结果对升学和就业等人生重要环节的影响力，以减少民众和资本对于义务教育的狂热和趋利心理。

笔者认为比较温和的做法是继续完善更加切实可行的综合素质评价体系，但其本质还是量化考核，最终的结果也可能是转移焦虑而不是消除焦虑。另一个比较可行的做法是，严抓中等职业教育的办学质量，并且为职校毕业生提供更多对口且待遇较好的就业机会。具体措

---

① 赵黎，王世锋："新药方"如何根治学业负担"重疾"？《青岛日报》2021年7月30日。

施可以参照德国的教育模式，但也要兼顾中国特色的国情，不能因神话成绩而放弃技能，在人才选拔上将两者放在同一水平线上，不能任由职校成为"被淘汰"的学生聚集处。

素质教育的理想与现实

——对北京市 2014 年至 2021 年中学教育改革的阶段性考察 [①]

在基础教育的中学阶段，升学虽然是主要目标，但素质教育却也成为一项重要内容，这一点在北京的中学中较明显地存在，而且重要性和实施程度发生了变化。这充分说明了素质教育作为一种教育理念和模式，在相关政策法规的配合下，其影响首先传导到了中学的管理决策者，并最终在学生群体身上得以体现。研究从中学生出发，根据他们的客观经验和主观体验，发现素质教育必然依靠现有的一切面向应试教育的提高教育效率的手段，例如自主招生、集团校选拔和分层

① 本文的开展和形成，需要感谢常杰同学的工作，他写作了访谈记录稿并与笔者进行了多次讨论，基于此，笔者进行了文献整理和研究分析。此外，中国社会科学院大学社会与民族学院的王微老师，对本文提出了修改意见，感谢老师细致且专业的审查。文责自负。

分班制度，教育水平越高、教育资源越集中的学校和地区，更能够让素质教育"落地"，有利于实现"全面发展"的教育目标。

一、研究背景与问题的提出

自中华人民共和国成立以来，基础教育改革常具有较高的政治站位。教育部梳理了《夯实千秋基业 聚力学有所教——新中国 70 年基础教育改革发展历程》，提出"民族复兴的基础在教育，而整个教育的基础在中小学"。中国的教育制度改革聚焦于公平性与均衡性的提高，1986 年义务教育制度建立[1]，2001 年"两基"如期实现[2]。"当数量不再是基础教育面临的最大问题，质量提升的呼声渐高。人们越发意识到片面追求升学率的弊端[3]，开始关注人的全面发展，更加理解教育规律。"因此，现阶段中国的教育制度改革聚焦于教育质量提高的问题，在这个背景下"素质教育"是最新一轮变革的指导思想[4]。

---

[1] 1986 年，九年制义务教育写入了新颁布的《中华人民共和国义务教育法》。

[2] "两基"：基本普及九年制义务教育和基本扫除青壮年文盲的战略目标。

[3] 一些学校将音、体、美、劳等所谓"副课"全变成语、数、英等主课，并勒令成绩差的学生退学；一些学生偏科严重，高考客观上承担了对高中教育教学有偏颇导向的责任；20 世纪 90 年代初，保送生计划人数曾一度扩大。但保送过程中出现了中学为了提高名牌大学的升学率，"推良不推优"的倾向，出现了申报作假、干部和教师子女保送比例过高等现象。

[4] 在 1993 年《中国教育改革和发展纲要》，指出要进行教育改革，逐步建设教育新体制之后，素质教育在政策公文上最早出自 1994 年 8 月 31 日的《中共中央关于进一步加强和改进学校德育工作的若干意见》："增强适应时代发展、社会进步，以及建立社会主义市场经济体制的新要求和迫切需要的素质教育。"

1995 年 3 月，第八届全国人大第三次会议通过了《中华人民共和国教育法》，首次

　　然而现实中，考核与评价的机制并没有及时地发生变化。因此，素质教育对多个主体都形成了挑战：对于教育系统中的学生、教师和家长而言，不得不在一次次的调整与改革中不断适应新的规则；对于颁布条令的政府而言，不仅需要不断地协调人事安排以适应新的制度，还有失去公信力的风险。此外，实施素质教育的质量也是分层的，只有少部分学生在其学校、教师和家长的配合下有能力实现这个目标，这有可能继续拉大教育的不平等，在社会垂直流动的角度，"地位准入"机制对社会的稳定又有极大的作用。总之，素质教育所能引发的后果似乎产生了预料外的又或是有预期却"非意向的后果"。为了探究产生这种后果的原因，需要更深入地理解素质教育的改革在主体的实际行动中产生了怎样的张力。尽管存在不同社会角色的行动主体，本文选择聚焦于最早进行教育改革试点的北京地区的中学，找到素质教育的最直接受体也是行动主体——同时经历初中和普通高中的学生，探讨在基础教育阶段的应试体制下，他们所理解"素质教育"的本质究竟是什么。

　　接上页脚注④　对"素质教育"的概念进行了界定：素质教育包括"政治素质、道德素质的培养""科学文化素质教育""身体素质教育""心理素质教育"这四个方面。

　　1999 年，改革开放以来的第三次全国教育工作会议在北京召开，会议主题即为"深化教育改革，全面推进素质教育"。同年，《中共中央国务院关于深化教育改革全面推进素质教育的决定》出台。

　　2019 年 6 月 23 日，《中共中央国务院关于深化教育教学改革全面提高义务教育质量的意见》，"五育并举"是此次意见中对于素质教育的创新定义，劳动教育成为必修课。

二、文献回顾

笔者以"素质教育"为关键词，在中国知网数据库进行检索，以时间的顺序，选取了 15 篇被引用和下载量较高的，符合本文研究基本范围的期刊论文，能够在一定程度上代表其时代特点的文献，并注意了时间顺序上各类讨论角度的数量问题，将内容主旨梳理如下：

20 世纪 90 年代，教育学界初谈素质教育，讨论主要集中在概念和原理之上。基于《中国教育改革和发展纲要》，应试教育与素质教育被视为"双轨"并行的教育模式。

21 世纪初，在国家正式推动"新课改"的前几年，人们意识到实施素质教育在基础教育中遇到的阻力。在理论上，随着世界教育思潮的引进，研究者放弃了"双轨"或"转轨"的说法，将素质教育等同于全面发展，这样就能避免轻视知识之嫌。在实践方面，反思基本集中于各个学科的具体教学中，研究者站在教师的角度思考用什么方式来实践素质教育，提出教师要在课程设计时注意培养学生的思维能力；也有少数研究者在更宏观层面思考"新课改"和高考改革同"素质教育"这一概念的关联。从文献数量和主题来看，2008 年是一个分水岭，人们开始思考学生的反应以及他们面对的新社会情况（代宁，2008），研究者认为素质教育可以通过发展学生的个性来实现（周茂，2009），这种观点和前几年强调全面发展的看法产生了分歧。在教学手段方面，研究者选择站在中观而不是宏观的角度，思考分层次教学对素质教育的作用（王智荣、罗安明，2009），但研究者给出的策略仍然是站在教师角度的，没有深入学生经历中，去看他们的应对方式。

进入 21 世纪也是新课改实施的第二个十年，大多数讨论再次进到了具体学科教学之中（刘贵芹，2015；聂晓慧，2014；韩琦，2011），完成了从中观再到微观的转变。注重教学和培养固然好，但这反映出大多数的教育研究（由于研究者大多是教师或师范学院学生）是行为主义的，这和教学本身的特点有关。而社会学的研究常常从教育社会学的理论研究，或教育不平等、教育获得等结构性要素的角度进行量化研究。正因此，质性的研究视角对教育现实进行有效的分析，能够和现有研究进行对话和补充（阎光才，2002）。此外，也有一部分研究是宏观角度的。例如，研究者认为，素质教育就是构建包容、开放、自由的教学氛围；注重德育和美育的教学；教师要实施个性化的教学方法（陈曼华，2018）。还有研究者认为，中学阶段素质教育的目的是培养学生在学习和生活中的适应能力（盛晓倩，2020）。

根据上文对现有研究的梳理可知，研究者往往把受教育者视为单纯的接受者，故聚焦于讨论教学设计如何趋近于教育理想，尽管素质教育这个教育理想本身就存在概念内涵的理解分化，尤其是素质教育和应试教育的关系问题值得更深入的思考。此外，尽管素质教育是 20 世纪 90 年代以来中国最为主要的教育理念，近年来的教育研究"热词"却逐渐从教育理念讨论，转向对教育公平的讨论（潘黎、王素，2011）。综上，本文旨在通过了解学生们的"疑点"和"痛点"，把握基础教育（及改革）在应试体制的大背景下真正的"难点"。从理论上补全基础教育阶段"素质教育"改革这种教育政策设计出现非预期或非意向后果的理论解释；从实践上为各主体的行动提供参考，希望给予能够充分发挥能动性的施教者和政策制定者一定的启发，在更可被接受的后果下，探索出理想和现实、效率与公平更加统一的教育手段。

三、研究方法和资料收集

（一）方法选择

素质教育实践了 30 余年，尤其是经过近 10 年来各学科教师的广泛讨论和应用，对现实中人才培养产生了可以被识别且具有相对稳定性的影响。本文将运用现象学方法，把经历了这种现象，且受最直接影响的学生群体作为受访者，在意识活动的角度探索并界定素质教育的本质。应试体制则作为基本的时代背景而存在，表现为制度化的量化分数评定模式，且这种模式成为学生进入下一学业阶段的决定性因素。

在真相多元观的影响下，现象学研究方法对本文问题的优势是认为亲历者视角能够在生活世界对现象概念的本质进行还原。具体而言，现象学研究方法所聚焦的个人"生活体验"主要有两个相交织、融合的方向：主观体验以及与他人有共同点的客观体验。前者是为了探究他们如何为素质教育赋予意义；后者为了考察在这种教育路径下个人体验的普遍本质，包括他们在最新一轮教育改革中经历过"什么"以及他们是"如何"经历的。进而，运用解释型现象学对应试体制下的经历素质教育的行动主体的意义建构进行深入理解，有利于避免书面的、学理的"意义"的简单呈现，因为意义与本质很可能深藏在多年的教育发展历程中，难以被提前预设，甚至产生出意料之外的结果，而现象学的"解释圈"研究过程（黄广芳，2017），将有利于研究者挖掘一些容易受到学校、教师和家长忽视的重要内容。对于相关受访者，研究者希望在访谈的过程中能为他们从思想上减负和解惑，达到研究者与受访者的互惠。

（二）研究方式和资料收集

按照政策公文的界定[①]，即以接受德、智、体、美、劳全面发展的通识教育作为划定抽样框的标准，研究者寻找经历了素质教育的学生。由于适用人数众多，研究者适当减小范围至区县重点中学，并在年龄上有所限制，聚焦于经历了 2018 年北京中考和 2020 年北京高考教育改革的学生，并尽可能满足差异最大化原则。研究者使用目的抽样并结合"滚雪球"抽样的方法[②]。先深入掌握信息，在信息饱和之后，最

[①] "要全面贯彻党的教育方针，落实立德树人根本任务，发展素质教育，推进教育公平，培养德智体美全面发展的社会主义建设者和接班人。"（出自习近平：《决胜全面建成小康社会 夺取新时代中国特色社会主义伟大胜利——在中国共产党第十九次全国代表大会上的报告》）

[②] 如 GQM/Z 向研究者引荐 FS/F。

终完成了对 11 位高中毕业生的 7 轮访谈①。

从 2022 年 3 月至 5 月，请潜在受访者知情同意，确定研究人选后研究者实施了本次调查工作。研究方式为实地研究，主要以深入访谈方式收集相关资料，经同意后录音，并转成文本。和定量研究不同，本文的深入访谈聚焦现象经历，即鼓励受访者基于自己的经历界定这个现象的意义，请他们作为亲历者提炼界定定义、客观经历（现象概念）和主观感受（现象经历的主观体验），最后直达本质的界定，包含很深刻的心理活动和意识活动。他们在这个过程中如何感受，并追问"为什么"。

负责组织访谈的研究者有两位，即研究者 1 和研究者 2。研究者 1 为北京本地学生，中学阶段在核心城区 a 接受教育，在访谈过程中承担主要角色，推动访谈的进行；研究者 2 负责对访谈内容进行记录并协助研究者 1。

受访者共 11 位，来自北京市 5 个辖区，涵盖中心城区和远郊区县。研究者采取了两种访谈方式与被访对象进行沟通，即分别采用两个研究者面对一个受访者，以及两个研究者面对两个受访者的形式进行访谈。在下文中，将以"二对一"和"二对二"的说法作为以上两种访谈形式的简称。本文总共进行 7 轮访谈，三次是以"二对一"的

---

① 本文采用目的抽样（按研究目的抽取能够为研究问题提供最多信息量的受访者），因为涉及的受访者太广，难以使用效标抽样，在研究实际操作中往往使用方便抽样和滚雪球抽样。

访谈形式展开的，四次是以"二对二"的访谈形式展开的。由于在联系受访者的过程中，研究者根据预先有的知识，按照受访者的受教育所在地进行了目的抽样。随着访谈的进行，研究者发现同时邀请两位来自同一市辖区的受访者进行"二对二"的访谈，能够更好地寻找同质性，因此研究者灵活地改变策略进行了多次"二对二"访谈。在访谈过程中，研究者对受访者强调本文采取开放式访谈，在这过程中受访者可以依据自己的兴趣谈论自己所偏好的话题，并鼓励受访者讲述自身经历以及由此而产生的价值性评价。

受访人基本情况如表 3-1 所示：

表 3-1　受访者基本信息

受访者	年龄/岁	所在区县	初中层次	初中是否在实验班	高中层次	高中是否在实验班	集团校	初中升高中
SF/H	19	核心城区 a	市重点	是	市重点	否	是	非直升
EF/Z	19	核心城区 a	市重点	否	市重点	是	是	非直升
BZ/Z	20	核心城区 a	市重点	是	市重点	是	是	直升
WZ/Z	18	主要城区 b	市重点	是	市重点	是	是	直升
GQM/Z	19	主要城区 b	区重点	是	区重点	是	是	非直升
BDF/L	18	核心城区 c	民办	否	市重点	书院制	是	非直升
CY/C	18	主要城区 d	普通初中	是	市重点	否	是	非直升
BZ/S	19	主要城区 d	区重点	是	区重点	是	是	直升
RT/Z	18	核心城区 a	市重点	否	市重点	否	是	直升
FS/F	18	远郊区县	普通初中	是	区重点	是	否	跨区
JD/H	19	核心城区 c	区重点	否	区重点	否	是	非直升

四、素质教育的面貌

（一）主体间的教育现象

1.素质教育的类型

北京实施素质教育以来，很多学校通过增加特定的课外活动安排来实现。"学校活动会比较多。比如说，戏曲节很多学校都有吧。"（WZ/Z）"学校中有笃志杯、博学杯、科技竞赛和艺术节等活动，课余活动比较丰富，素质教育的体系比较健全。"（EF/Z）"据说某学校还有带学生去北极的，就特别疯狂那种。"（BDF/L）

在正常课堂中融入考纲之外的学习内容。"我们班有一个体系，在高一的时候每周上一节写作课，主要写小说。其他普通班会有舞蹈课，全班一起上舞蹈课 。"（EF/Z）"每周都会有做实验或地质课以及阅读方面的拓展课。但当时感觉北京的学校都是这种模式的，就比较四平八稳那种的，该考试了也学。"（BDF/L）

学生的社团非常热闹。"社团的起点和资源都非常高，能请北师大教授和作家来演讲。"（EF/Z）"初中的时候开始有很多社团，初中的时候就解剖青蛙，还有就是制作培养皿，选择很多。"（JD/H）

只有一所学校，能够将正式课程做得像课外活动一样，以非考试成绩要素教育和评价学生，他们是通过书院制，加上高三一年集中突击准备高考来实现的。"高一、高二的那个书院，就实际上是一个很松散的组织，也不怎么管你，也有一些很热心的人在里面玩儿。选课什么就随便选。我们当时是分学段，不同学期可以选不同的课，最后学段末就是老师自主命题。平时也是有过程性评价，测完了之后就会把那个成绩发给你。相互之间的排名是不知道的，你只知道自己的分数和排名。我们最后就会有一个绩点，我们评校内的那个荣誉文凭会用到那个绩点，你需要写一下那个申请，你大概申请一下，你干了些什么，然后就是培养方案完成得如何，反正就是挺现代的一种，最后就是书院的投票确定。"（BDF/L）大多数学校，把代表学生素质的非成绩要素转化为成绩要素来抓，比如体育能力。"初中要求每天必须保证有一节体育课，小班大班不管，反正必须要上体育课。到初三的时候，我们初三年级在其他年级波澜不惊地做操的时候，围着小花园狂跑半个小时。就这么练，最后中考基本上人人都能拿满30分，能感觉到学校很重视这个。"（SF/H）"当时初三感觉是一直在准备中考，印象比较深刻的是准备体育，天哪就那个800米特别恐怖，最后终于满分过了。到了大学以后就又回到4分钟多了。（中考满分3分24秒）"（BDF/L）"我们高中体育抓得特别严，经常就是让你跑400米或800米什么的。"（CY/C）

此外，直接接触学生的教师群体，能够以个人行为，影响到授课的内容，被受访者认为是素质教育的另一大类别。"老师们实际上是更重视素质教育的。在高三时候还会给我们上一些非应试内容。地理老师在高考前很近的一段时间给我们讲他的经历。"（WZ/Z）"当时我们就挺自由，下课了碰见老师还能有些交流。老师还都挺亲切的，还有些年轻的老师，我们的关系就亦师亦友的，你喜欢哪个老师就可以多去跟他交流什么的。在学习方面挺自由的，学一些自己喜欢的东西。"（BDF/L）

上述被认为是素质教育的内容，不额外收费，而且因为北京的学校做法比较相似，所以学生在当时不会感觉有什么特别。和成绩的提高相比，这种对人素质的影响需要一段时间才能被受访者"追忆"出来。

2. 学生接受素质教育的效果

北京学生的综合素质是在和来自其他省市同学的对比中体现出来的，故素质教育被受访者视为北京教育的优点。"跟舍友聊天，相对来说就是我们的活动已经比他们多很多了。我们有实验报告，有调研、调查。相对来说北京已经是素质教育比较好的地方了。"（CY/C）

关注素质教育，对学生智识扩展起到很大作用。"你能够选择一些你喜欢的东西和课程去学，有助于学生了解一下现实的社会。"（BDF/L）"素质教育的意义在于让我们变成更好的人，让人学到更多道理，如何应对失败的选择。我认同这种人文关怀的教育，这种教育是为了人本身的教育而存在的。"（WZ/Z）

素质教育为学生创造出一种学校建设的参与感，由此能够引发对一所学校和一段经历的归属感和认同感，来自那所北京教育改革最出名、争议最大的学校的受访者 BDF/L 直言："有一种跟学校构建了一种很紧密的联系的感觉。"

上述主要是素质教育的优点，它的主要缺点就是挤占了学生准备应试的时间，甚至会强迫学生必须参加，并没有真正尊重学生不同的发展方向。"学校办一些大型活动，有时候会强迫你去参加。"（FS/F）"主要城区 b 其实没有什么好学校。学校里没有戏曲节，有合唱节，合唱节没有人看，只有评委在看。"（GQM/Z）"这个活动就是你办了可能跟没办差不多。就是大家都在卷，你也不得不去卷。我们那个社团就是真的只是挂了一个牌子，但有时候我们真的就是在那里写作业，到点了就走。"（CY/C）

总之，学生意识到素质教育的重要性，对他们产生深刻印象的是价值观塑造和与社会接轨的能力的提高，这尤其需要优秀的老师做领路人。

3. 学生对素质教育的评价

北京的教育整体上是关注素质的，也有部分受访者会认为北京的教育就是"素质教育"："北京教育就是好啊，素质教育相较于应试教育更好，有助于学生发展，北京和其他地区教育方式之间存在巨大差别。"（EF/Z）将"素质教育"和"应试教育"设定为两种对立的体系的思路并不能很好地形容现实的教育环境，正如前文提到的，学校狠抓体育，很难判定这是为了备战体育中考提高学生成绩，还是真正保证学生们健康成长。有受访者直言："素质教育和应试教育没有明确的定义，另外就是应试教育和素质教育之间也不是那么对立，应试教育

和素质教育其实也分人。有些学校白天进行素质教育晚上在进行应试教育。"（BDF/L）

在当前的教育中，北京教育最终指向的仍然是高考。无论某个具体的学校对素质教育的重视程度如何，或者投入了多少资源到素质教育的活动中去，只要最后学生需要面对体系化的选拔——高考，则学校都需要在教育的过程中采取一定措施与"应试"相适应。

受访者普遍对高考在教育实践中表现出僵化和高压表示反对，但同时承认应试体制的现实合理性。"它是我们在现实中所能选择的最不坏的制度"（BZ/Z）尤其肯定了高考的筛选过程以及保障公平公正的必要性。

在 11 位受访者中，只有一位受访者对"素质教育"这一概念持有鲜明的否定态度，其余的受访者都对"素质教育"持有积极肯定的态度，他们普遍认为素质教育能够让人更好地发展，并帮助学生在进入社会之前形成更加成熟的心态。但其中也有两位受访者认为具体到自身经历的北京"素质教育"，它名不副实，并没有真正地开拓视野和丰富生活。"我们的时间和精力是有限的，就是他会组织很多形式化的东西，让你发展各种才艺或素质，但是最后很少人参加。"（CY/C）在"素质教育"的资源分配的过程中存在着两极分化，这个问题引起了受访者（RT/Z 和 FS/F）的关切和不满。

综上，北京市的学校大部分实现了素质教育，学生对它的评价引发他们对自己学校、学区以及全市教育的认同感建构。

（二）影响因素

1. 自主招生制度的改革

与素质教育、应试教育这一对主题密切相关的话题是近 10 年来国内大学招生制度的改革。这种分层选拔从"幼升小"就开始了，由于随机派位可能分配的学校差异大，学生需要通过各种手段卷起来，就是想办法进好的小学。"我们那时候不让办奥数班了，改成快乐数学，各种课外的东西都不让弄了。"（GQM/Z）因此，随着学生质量发生变化，北京的学校尤其是那些教育资源较为富集的学校面临压力，这种压力一方面来自顶尖学校在高考竞争中的断层式取胜，同时一部分老牌、非顶尖学校已经产生了学生质量和社会声望的下降；另一方面，压力来自国内高校以自主招生为代表的，与中学素质教育相对应的招生模式的剧烈转变。

受访者和研究者对自主招生规模的缩减进行了详细的探讨，多数受访者认同自主招生是一种选拔人才的有益机制，能够选拔出具有特长和学术天赋的学生，并能回避残酷且具有高度的不确定性的高考竞争，为学生带来更大的自由选择发展方向的空间，素质教育需要支持这部分学生"在感兴趣的方向做到极致"（FS/F）。另一方面，在高校自主招生的过程中，"走关系""水奖项"，甚至"代发论文"等灰色现象难以避免，会留下营私舞弊的空间。此外，由于自主招生所考察的知识和条件普遍在以高考为代表的官方教育体系之外，这意味着只有具有充足经济资源或社会资源的学校、家庭才具备提供相应教育的条件，自主招生在高校招生中比例的扩大会在事实上挤压经济和社会资源匮乏的考生的上升空间，进而加剧教育资源的分配不公。这种教育资源分配上的不公，是自主招生被不断压缩并最终难以为继的主要原因。

综上，自主招生制度最容易被视为非应试教育的一种制度化选拔路径，它却不一定滑向"素质教育"或"公平"。

2. 为保证稳定优质生源的集团校制度

北京地区的教育资源分配呈现出特殊的分布模式，即教育资源和生源在集团校内部流动。具备优质教育资源学校通常形成以自己为首的教育集团，能够涵盖幼儿园、小学、初中、高中，由于集团的存在，这些学校的关系也会非常紧密，集团校内的生源和老师会不断流动。

多名受访者的初中都属于自身高中的同一教育集团，甚至就是从同一学校的初中部直接升入高中部。通过受访者的经历可知，学生在同一教育集团内受到的影响尤其表现在升学阶段。同一教育集团内的学校，在升学阶段会为本集团内的下位学校专门提供一定的名额。具体而言，某个优质中学可能同时具备初、高中部（部分学校还有直接对口的小学）。在高中或初中招生过程中，资源较好的学校会把一部分名额分配给自己直属的初中或小学的生源。在这一轮名额分配完成之后，再给同一教育集团内的其他学校分配一定的名额。在优先保证集团校内部的教育资源和生源分配后，学校才会在全区或全市范围内释放一定的名额，并承担落实一部分远郊区县的招生指标。为了保证集团内优质生源在升学过程中继续留在集团校内部，一些学校在中考前会通过校内考试的方式提前确定优势生源，并与这些学生订立"合同"，通过放宽中考入学条件，以及保证分配到优势班级等方法，将优势生源锁定在本教育集团内部，从而避免由于中考发挥失误或其他学校招生的干预而造成生源流失。

EF/Z 提出了学校因生源下降的策略变化，WZ/Z 则讲述了学校为了保证生源质量做的努力。这都是两人的亲身经历，前者作为生源质量下降之后，通过学校自己组织的非闭卷考试加试招入校"实验班"的学生，后者作为被学校"保住"的优质生源，从同一所学校的初中部直升高中部。

两人都认为自己在这个过程中有一定的"路径依赖"，EF/Z 表述为："从 C 校出来而不想上 C 校是很奇怪的，而且上了 C 校的 ×× 实验班考不上 D 高校（中国高招分数线最高的高校）也是不太正常的"；WZ/Z 则在初中就进入了直升班，和高中部签约并就读，即使其高中部不再是该区公认的第一名，也要继续在高中部就读。从某种意义上讲，直升班可以被视为学校建构的一种神话，它享受着一个年级最好的资源。学生接收到的潜在的话语是，直升的选择才是受到褒奖的"正道"。通过对外释放的名额进入学校的学生，在入校之后享受的教育资源，与教育集团内或初中部直升高中部的直升班有一定差异。这种差异主要表现在从入学就开始的"分班"上，即通过班级来对生源和教育资源的分配进行区分。

总之，学生择校和学校划分生源是一个相互"赋魅"的过程，学校通过设置初中部进行联动，学生接收到环境给的信息之后选择把个人命运和学校命运绑定，走上一条注定为之的升学道路。签约和面试都是"地下的"，不受法律保护，实际效力不强 [1]，它们就像一种"仪式"，发挥着形式合理性的作用，而正是这种形式合理性深刻影响着人们对学校的定性是"好学校"还是"差学校"，最终，观念上的分化逐渐走进现实 [2]，现实的状况再次加深了我们的观念，形成了某种"自证预言"。

3. 中学阶段的分层制度

在不同学校的教育差异性之外，北京的中学内部分层明显，这导致了学生接受素质教育的质量分层。

受访者所在的初、高中都存在着不同程度的生源分层制度，且初中阶段的分层更为不明显且条件宽松。部分初中只将部分较为优秀的生源集中到专门的班级之中，除此之外班级之间并没有其他附加的差异。另一些初中则在招生阶段就使用了专门考试等选拔手段，甚至在

---

① GQM/Z: 虽然人选择了 E 中学，而不是更"好"的 F 中学，但签"死约"想不上这个学校也行，或者自身成绩太差上不了的话，学校也不会硬弄进去，顶多放到"集团校"的某些特殊的班级，然后把他们运作到本校的"实验班"而不是签约签的"直升班"上课；EF/Z: 一开始面试该校特色实验班没有通过，但最终还是如愿进入。这是校方营造出一种"门槛很高"的表象，进一步加强了学校和特定班级的"神话"性。

② GQM/Z: 报志愿改革之后，再加上 F 中学的硬件条件翻新，突然有一届的好学生几乎都选择去 F 中学，这之后 E 中学和 F 中学的差距就拉开了，至今如此，本来两校是同一水平线的。E 中学想尽办法（直升班、签约等）保其初中部的"本土"生源，但依然没有竞争过初中部比 E 中学"差"的 F 中学。

小升初之前就对一定范围内的优势生源进行选拔，设立精英班、少年班等专门的班级，并有针对性地集中特定资源对选拔来的优势学生进行培养。受访者在成长过程中有直接或间接的体会："小学五年级的时候，我们班里有一个同学突然不来上课了，一问才知道，人家已经走化学竞赛了，提前到E附中（被公认为全市最好的中学，"清北率"奇高）学习。据我所知，他现在确实进入Top2的优势专业读本科了。"（SF/H）

不同学校虽然都存在分层教学制度，但对"实验班"有不同的称谓。一些学校设置项目性的特色性的班级，而且在资源分配上"可以让你去游学，但只能让成绩最好的那个班去，我们两次都是，一次是最好的班，一次是成绩最好的三个班"（GQM/Z），面对有限的资源，市重点学校也会这样选择："有一次去上海的游学，只通知了年级最好的两个实验班，从朋友圈的图片来看，他们还进中科院实验室了。……当时感觉就是，花钱能体验的东西，比不上这种预留、预选性质，卡人身份的东西。也开始反思自己初中在实验班享受了哪些特权，可能当时完全没有察觉到。"（SF/H）"一班和二班是他们教育集团的直升班，我们班就是科技人才班，当时就是把我们当成科技人才培养的，就是也会请中科院很厉害的老师过来跟我们做项目什么的。当时我们还去过一次海南什么的，普通班他们就没有去任何外地的机会。"（CY/C）

总之，大部分学校以著名校友等人士的名字命名实验班，还有一些学校的实验班"名不存实存",甚至每一届实验班的班号都是变化的。从这种制度设计可知,公立学校也是追求效用最大化原则的理性行动主体,它们不希望将组织间竞争的结果摆明,但在学生层面观察,事实结果是资源充分分化和彼此激烈竞争的。

五、素质教育与应试体制的关系

(一)研究分析

在方法论的意义上,随着教育改革的不断推进和调整,素质教育这个概念也逐渐深入人心并被广泛运用,但不同人眼中素质教育的定义和形象又不尽相同。与这种内涵上的众说纷纭相对应的是,"素质教育"这一概念的形象总是在与所谓"应试教育"的对比中呈现出来的,这种生硬的比较为教育环境确定了一条边界,边界两边是水火不相容的两种教育体制。在这种假设下,教育的发展和改革的图景便被两种"神话"所局限:支持"素质教育"的人将教育改革视为人道和文明对僵化压抑的应试教育的征服;而反对者则主张代表公平的"应试体制",对具有不平等和垄断性的素质教育进行顽强抵制。

在谈论到素质教育时,受访者通常将素质教育的体现定义为中学阶段学校提供的各种课外活动,诸如社团、兴趣小组、书院、体育比赛、游学等具体的活动。不同受访者对素质教育的性质和目的有着不同的看法,但他们认为素质教育在教育中是作为一种元素出现的,它具体的形式是各种活动和学校为学生素质发展所配备的各种设施和文化资源。相比之下，应试教育则以一种严密理性的体制的形态在教育中存在并发挥作用。从理想型的角度来对应试教育进行观察，所谓应试限定的是一种分层和分配资源的理念，这个理念旨在通过严密理性的标准化筛选来完成教育分层，而分层过程中采取什么样的理念、运用什么样的标准却并不在应试概念的范围之内。因此，应试与素质在实际运作中并不是两种独立的体系，也并不对立。

作为应试的高考更多是框架和手段，而这种框架中具体承载着什么样的东西则是框架的定义之外的内容；而素质则是教育和筛选过程中出现的一种元素，作为教育内容的素质与高考并不根本互斥，甚至没有应试的体制就没有强调和发展素质教育的土壤，这不是哲学辩证法的简单运用，它切实存在于受访者的经历中。EF/Z 和 BZ/Z 表示感觉到了在一定程度上，学校从素质教育向应试教育的转向。两人都给出了一些具体的事件：EF/Z 发现规定的游学数量被减少了一次，而且中午去吃饭也有明显的匆忙感，"要赶着去，吃完马上回班里自习，这在前几届是少有发生的"。BZ/Z 发现其学校后几届学生从高一开始上晚自习，之前只有高三需要进行晚自习。除了自身经历之外，两人对这个转变的理解也值得关注：EF/Z 从个人教育经历所在学校出发，认为这个转向更根本的原因是重点班的生源质量下降，这似乎是学校为了应对升学质量下降所不得不采取的措施。BZ/Z 认为，这个转向是该区（a 区）学生分数竞争力下降带来的，b 区 "赢麻了"。整体而言，在了解到的教育实践中，受访者站在学生的角度，认为不同的学校由于理念和资源的不同，会对教学进行风格的安排，但本文涉及的学校，都在学生的价值观塑造、体质培养、视野开阔方面投入了一定的时间和资源。这种投入有时是作为整个教育体制中计划的一部分出现的，有时候则是作为教师或校领导个人价值关怀所表现出现的。没有一种教育能将素质从其中剥离开来，这一过程必然伴随着社会化，也伴随着价值的塑造和教育者对自身价值的追求和实现。

此外，分班制度是所有受访者最关注的话题之一，几乎每个受访者都会在交流中探讨分班制度的影响以及自己对分班制度的看法。访谈结果显示，受访者对分班制度的情感非常复杂，而且多数（无论是否来自实验班）学生，在访谈中对分班制度表现出了厌恶，认为这一制度给自己的学生生涯带来了一定的痛苦。RT/Z 对分班制度的感触尤甚，认为这一制度对学生的区分，带来了教育资源分配上的不公，同时也助长了学生之间以成绩或班级为标准的区分：

"其实我来高中之前也没有接触过最顶尖的教育资源，那些好的老师都被好的班垄断了。我们被录取都不是一个分数，它有自己的实验班、普通班还有自己的少儿班。入学之后，你可以通过自己的努力考到 7、8 班，但不能上 9、10 班。"

这种区分，一方面对学生正常地与同学交往产生阻碍，另一方面也会给学生留下一定的心理阴影和压力。造成学生的自卑、自负或相互之间的歧视。但也有特例，CY/C 在讲述自己的教育经历时，虽然谈到最开始这种分班以及随分班而来的资源分配上的差异令自己不满和自卑，但随着时间发展，她也逐渐开始认同这种分班制度的合理性："平等不一定是很好的东西，本身就是有阶级存在的，就是感觉人与人之间本来就是有差距的，感觉人家就是比我厉害，就像一道题，感觉人家一看就知道答案，但你看不出来，就是感觉很厉害的人脑子比较清楚吧。……你不能期待那种一样的老师来教他和你，他就是太需要更好的老师来教他。但是他可能就是需要更好的老师和更多的任务来学习，想通了就是还行，刚开始的时候就觉得这个事情很难以接受。"

（二）研究结论

北京的学校普遍存在体现素质教育的教育行为，例如活动安排和具体的授课内容。但各区进入该校的难度最高的前两名学校，在 2017 年至 2021 年出现一种行为转向。原本强调自身实行素质教育，却在竞争对象和博弈环境发生变化之后，一些具体行为突然走向了应试。在功能主义的立场上，这是一种目标置换。按照自然系统逻辑，教育组织首先要维持自己的生存，其生存的核心是需要培养出"好学生"，因此学校必须有优良声望，而声望的直接来源就是学生的中、高考成绩，因此对该组织而言，需要把学生的成绩这个硬性指标提上去，以期保证自己的声望，并继续获得更好的生源，达成提高学生成绩的目标，如此往复陷入一种循环。无论如何，其目的从某些非成绩要素的素质培养，转化为率先要培养高分学生才能维持组织现状的策略，对于这其中的学生而言，某些活动的取消是非预期非意向的，但对教育组织而言则是预期非意向的后果。

因此，素质教育的本质是把应试作为框架，素质作为内容。素质教育和应试教育之间的关系并不是两种独立体系的相互对立，而是前者作为一种元素弥漫在应试教育的体制之中。在素质教育理念及中学培养政策的变化下，北京地区中学在应试体制下，也存在较丰富的素质教育内容，并已在学生身上显现效果，对于综合培养全面发展的教育目标而言，素质教育的加入尤为可贵。

六、研究讨论

（一）创新点

在时间上，本文的受访者经历了 2018 年北京中考改革、2020 年北京高考改革和"双减"政策的实施前后，呈现教育的变化对"素质教育"这一主题的影响；在研究视角上，本文关注教育研究中"失语"的学生群体；在研究方法上，用现象学的方式解释素质教育的非预期后果的原因。因此，以素质教育的本质为题，本文从亲历者本人的体验出发，对教育政策的决策能够提供一定的参考。

（二）挑战

在抽样调查过程中，如何判定谁能提供更多的信息量，或者把样本案例放在哪一所或哪几所学校，很容易在事前就掺入研究者的判断。比如研究者认为素质教育主要聚焦于教育资源富集的学校，没有关注普通中学和职业技术学校。但受访者的初、高中校具体是否为集团校等问题，研究者并没有事前掌握，因此本文抽样调查受访者的这些基本信息，具有一定启发意义。北京地区中学生已经大量进入高度连贯性的集团学校一贯性教育，集团校、学校和学生的组织追求和个人追求，打通了制度规定的义务教育和高中教育的区隔。

在访谈情景中，人数的不同可能对资料的信效度产生不同的挑战。在实践中，研究者发现相对于"二对二"的访谈模式，受访者在"二对一"的状态下更加拘谨。在这种模式中，即使研究者反复向受访者强调本次访谈的开放性，并尝试将访谈氛围调整得更为轻松，受访者往往还是长时间保持谨慎，并不断对研究者的表情进行观察和反应。从访谈收集到的信息来看，从"二对一"模式收集的信息中对个人客观经历的叙述占比相对较大，受访者在这种状态下对教育模式或自身经历的价值判断相对较少且更温和。

作为对比，在采用"二对二"模式的访谈中，由于人数的增多以及场景内同时存在另一个受访者，受访者不再处于一种单纯的"被凝视"状态，他们在这种状态下更为放松，同时也更愿意在对自己经验的"客观描述"之外讲述自己的价值判断等较为主观的内容。此外，受访者之间出现了频繁且热烈的互动。在交流观点的过程中，由于自身经历和所持有的价值观念上的差异，受访者之间有可能直接展开相互驳斥和质询，为研究者提供了更多视角和资料。这种情况发生在第三次访谈中，由于两位受访者在观点和成长经历上的差异较大，WZ/Z 对 GQM/Z 的观点提出质疑并尝试说服对方，在部分时间中甚至主导了提问的走向，研究者并未阻止这种现象发生，选择做好观察和记录。该现象是研究者在研究设计中未曾想到的，上述条件调动了 GQM/Z 对自身经历的思考并促使对方进一步参与到互动中，为本文提供了新的观点，也为之后的访谈带来了新的视角和方法层面的启发。

"双百计划"
——作为典型的瞄准社会政策的社会工作[①]

一、"连接政策""拉通政策"的社会工作者

（一）民政工作的"最后一米"困境

"打通福利政策和社会治理政策'最后一米'，既是广东省民政厅推动'双百'的初衷，也是'双百'社会工作赢得服务对象和基层政府认可的关键一步。"[②]

一个节目展现了一个经典的政策场景：化州市东山街道，有 8.2 万

---

① 中国社会科学院大学陈涛教授为本文的润色指导提供了宝贵意见，深表感谢。

② 张和清等：从群众中来　到群众中去："双百"社会工作概论，中国社会出版社，第 34—35 页。

余常住人口，基层民政工作者只有 6 个人，而且还不是专职民政工作人员。而正是这样少量的编制人员，面对的是精准脱贫、乡村振兴、卫生、污水、征兵、河长制等政策下民政服务对象的细致工作。这导致的结果是，在实行政策过程中必然存在问题和漏洞，"最后一米"节目中广东省民政厅慈善事业促进和社会工作处原处长郑章树说："我认为现在最大的问题，就是对服务对象认定得不精准。"在节目播放的视频中可以看到低保户、原先的贫困户如何精确认定，需要心理服务的人如何被定位，这都是问题。一年评定一次的贫困户工作，对一年时间之内的变故和困难情况就很难识别；申请低保户程序多、周期较长，难解燃眉之急；农村妇女没有公共生活这类有关人的社会功能的问题，甚至没有办法被已有政策识别；边缘困难群体接受帮助的时候心理负担大和信息不足问题，不愿意找人帮助或不知道找谁帮助。

（二）社工如何打通"最后一米"

2017 年"双百计划"开始建设"乡镇社工站"，并以政府部门聘用社会工作者的方式运作起来。[①]2019 年 1 月开始，广东省民政厅第二批"双百计划"社会工作者服务站开始部署。截至 2020 年初已经建立了 407 个"双百计划"社会工作者服务站，"双百计划"社会工作者总人数超过了 1700 人。近两年政府在全国推动建设的乡镇社工站，在更大

---

① 来源：《最后一米》。（7min19s—8min34s，https://www.bilibili.com/video/BV19k4y1m7Wo/?spm_id_from=333.337.search-card.all.click&vd_source=f0cf230988fba43792c69c32e7e100dd）

规模更大范围地实现覆盖，这是民政部社会工作处的一个工作重点。[①]

在此背景下，乡（镇）社会工作者服务站的工作职责就以一种类似政府部门工作方法的方式被"确立"了下来。在 2016 年广东省发布的《广东省民政厅关于做好粤东西北地区"双百镇（街）社会工作服务站"建设运营示范项目申报工作的通知》中规定："明确工作职责：镇（街）社会工作者服务站的工作职责是为本镇（街）困境人群，重点是面临困境的老年人、妇女儿童、青少年、残疾人、城乡低保对象、农村留守人员、优抚安置对象等，运用社会工作的专业技巧，提供精神慰藉、资源链接、能力提升、关系调适、社会融入等社会工作服务，推动社区发展。每个镇（街）社会工作者服务站应根据所在镇（街）具体情况明确 1~2 个重点服务。"而乡（镇）社会工作者服务站这个专业服务平台的搭建从始至终就在依靠政府力量，"街道、镇政府应提供与服务需求相适应的办公和服务场所"[②]。

政府语境下的民政对象，在实际工作中被等同于社会工作者的工作记录表和学术话语中的边缘弱势人群。这种基层工作是发现逻辑，而非验证逻辑。社会工作者在初次建档之后，根据困难程度定期上门探访、交谈，识别其变化的生活需求，即"扫楼"。在社会工作中，凡

---

① 来源：《最后一米》。（41min25s—42min30s，https://www.bilibili.com/video/BV19k4y1m7Wo/?spm_id_from=333.337.search-card.all.click&vd_source=f0cf230988fba43792c69c32e7e100dd）

② 来源：《最后一米》。（10min47s—11min01s，https://www.bilibili.com/video/BV19k4y1m7Wo/?spm_id_from=333.337.search-card.all.click&vd_source=f0cf230988fba43792c69c32e7e100dd）

是以社区为场景的服务开展，通常都必有一步"社区行"，无论是"扫楼"还是入户访谈或随机偶遇等方式开展，以及社会工作者需要做到"三同"（同吃、同住、同劳动）。依据社会工作者专业认定，只有这样才能"融入"当地人的生活中，从而实现深入了解和准确理解，达到精准化识别与回应需求。对社区工作而言，首先要进行社区徒步。

因此，"社会福利政策的培训"是社会工作者最重要技能，为民政服务对象建档，协助困难群众享受民政救助。而"双百计划"设置了更高的目标——提供物质、发展志愿者救助、心理支持、能力提升。通过开展社区活动、培育社区组织、发展志愿者，确实做了政府做不了的工作。

在节目中笔者看到社会工作者服务有助于解决突发性的问题，比如突然失去主要经济来源的家庭；"妇女工作坊、互助组"开展小组活动，让妇女建立家庭之外的社会支持网络；社区互助，老人、妇女、儿童最容易成为或本来就是弱势边缘人群的人们得以相互看见，相互支持，在社会互动的过程中获得自我效能感，这对于具有社会性的人而言，作用是巨大的。

张和清老师在《从群众中来 到群众中去："双百"社会工作概论》中总结的"双百"社会工作者工作内容或模式是"个案救助＋社区共治"。其是想把社会工作者对具体一些人的帮扶与推动社区形成共同体来互相帮助结合起来，王思斌老师在《社会工作概论》中谈到社会工作的功能有"补救或治疗"和"预防"以及"发展"的功能。通过结合这些不同的内容或功能，对于社会工作实现自己的专业使命具有重要性。

二、反思

笔者发现，在打通"最后一米"的语境下，社会工作者在这个过程中更像是行政福利制下的社会工作者，同政府联系非常紧密，是政策的重要实行者。[①]"双百计划"的总督导张和清老师这样定位："我们叫专业社会工作者，就是代表党和政府去履行一个专业社会工作者的一个职责。"[②]"最大限度地协助党和政府在民生保障和基层社会治理等方面摆脱各自为政的实施困境。"[③]因此，在民政社会工作实务领域，专业化和行政化是不分的。

（一）社工定位的理想

"行政任务化的社工"是不是中国理想的社会工作者本土模式，笔者认为这是值得思考的问题。前些年的中国社会，无疑需要这样一批

---

① 我国的社会工作在一开始就是被政府建构的，而西方国家大都是政府行为和民间自发形成了实务领域，后来形成的专业教育。我国大部分地区是先恢复学科教学，再到近一百年后才真正规范动用社工的力量，先了解对象诉求，再去链接资源。

② 来源：《最后一米》。（10min33s—10min46，https://www.bilibili.com/video/BV19k4y1m7Wo/?spm_id_from=333.337.search-card.all.click&vd_source=f0cf230988fba43792c69c32e7e100dd）

③ 张和清：中国社区社会工作的核心议题与实务模式探索——社区为本的整合社会工作实践，《东南学术》2016年第6期。

专业的人，做非专业且人手不够的基层工作人员的重要帮手。① 笔者在暑期"知行社科"项目调研时发现，由于脱贫攻坚有明确的任务时限，一些困难地区为了任务达标，甚至停下手头所有工作，把能够调动的政府非政府系统的公务人员投入乡村社区的直接帮扶工作之中，随着帮扶对象的移民与新生活空间的建立，社会工作者也是被引入其中的一股力量。但进入乡村振兴时期，任务不再紧，而目标更加宏大，实施起来对基层人员的素质要求更高，"现在没有明确的任务指标反而更难，不知道该怎么做"②。社会工作者的具体工作和这个精准扶贫到乡村振兴的例子也很类似，③ 从引导困难群众到惠民政策的"最后一米"，到培养其"造血功能"，识别并解决好困难家庭的综合性问题，这就真正从兜底逻辑到了源头治理。笔者认为在新阶段，社会工作者如果只满足于当基层民政公务人员的"帮手"，进行"扫楼"这种基础摸排工作，是必要但不充分的。在实做亲为中，社会工作者不应放弃学术训练带来的思考。④ 争取在社区发展的规划工作中，发挥更专业和重大的作用。

_____

① 改革开放后民政工作是填补单位的残补式福利与不发达的社会服务。社会主义的福利模式是结构化的安排，不是个别化的助人。

② 笔者在调研中发现，基层工作人员认为，现在没有明确的任务指标反而更困难，不知道该怎么做。

③ 2017年开始建立的3/4的社工站都在农村，所以无论是从出台时间、政策对象还是具体手段来看，"双百计划"和扶贫过渡到乡村振兴政策的制度目标是高度一致的。

④ 例如，对于一个现象或者问题，没有一套经过推敲和研究的解决方案，直接拿别人的要求来做，或者只当为几位"患者"治病的"医生"，在社会结构和制度设计的角度没有自己的思考，是不够理想主义的。

上述建议还有一个现实的原因，因为我国的社会工作者自己就会把社会工作的某一领域定义为基层公务员的性质。[①] 但如果这两者等同，为什么要做工资和待遇相对低的社会工作者，不直接考公务员呢？[②] 还是考不上公务员，有服务热情，但需要一份门槛更低的工作所以来做社会工作？笔者认为这两种情况都不利于社会工作专业人才队伍的建设，出现学社会工作的不做社会工作，做社会工作的没学过社会工作的现象，这至少不是社会工作者发展的理想状况，也与其他大多数国家和地区不同。[③]

---

① 陈添辉（香港学生，在内地的中山大学读社会工作专业硕士。跑农村比较多，在清远农村实习）："我感觉比较奇怪的一点是，做着一线社工的人，他们很多时候都不是读社工出身，而像我们读社工的学生，很多时候都不是从事关于社工的行业。就我而言，当我毕业后，我很大机会是会从事社工，但是它会是比较短期的。我可能可以接受的范围就会是一至两年，因为哪怕现实一点来说的话，它给的工资比较低，但是获得的经验是比较宝贵和难得的。那可能未来几年，五年、十年，甚至是将来，社工依旧是偏向基层和公务员的性质，但是至少它的收入比较稳定。在短期来说，就是不会太看重收入这一块，因为这份基层农村的工作所给到的经验，实际上不能说可以是 1000 块所买到的经验。那从长远来说的话，我是比较看好社工这个行业。"［来源：《港生在内地读社工（下）对于国内社工怎么看（广东话字幕），https://www.bilibili.com/video/BV1Wf4y1T7AS/?spm_id_from=333.337.search-card.all.click》]

② 社会工作者作为一种被民政部和原人事部认证的专业技术职业的上升空间应当清晰且光明，2020 年 6 月 18 日《北京社会工作行业发展报告（征求意见稿）》里，2020 年北京的社工平均薪资才 3000 元 / 月，而最低工资标准是 2200 元 / 月，而同年市城镇单位在岗职工平均年薪达到 18.5 万元。

③ 例如，美国"社工教育联盟"，要求硕士才能入职社工；香港也是看学历，大专以上；我国内地没有这么严格，通过学历教育和考水平证书。"双百计划" 1700 多人中 70% 这两个都没有；湖南的 2018—2020 年的"禾计划"，4000 多人中 90% 以上是"小白"。

（二）经济是社会现实重要影响因素

在一个需要社会工作者的时代，在对边缘人群进行专业服务的同时，一些惯常不被政府定位成民政对象，认为是边缘者但经受被社会排斥现象的人是否也应该被纳入社会工作者的服务对象？[①] 笔者认为，通过社会工作者直接介入能够避免赋予在国家之手推进下的社会福利的"污名化"特点。如何处理好社会工作与政府的关系的本质是社会工作者的定位问题，这种专业助人活动的"专业"是通过"兜底"实现的吗？"双百"社工和社工站社工主要跟政府紧密相连，做社会福利政策传递等工作，属于行政社工。它的职责以"兜底"为主，因为政府（民政）在面对诸多问题需求时，给自己的定位就是"兜底"。按照接受福利多元主义思想，政府只负责兜底性的工作，其他交给社会和市场。不同的基本政策取向和意识形态及其影响下的制度特性，自会为社会工作带来不同的空间和行动可能性。社会工作也不是完全被动地被那些制度结构所决定，它亦可影响后者的改变。

无论如何，理想与现实之间的距离是现实的经济来源问题。除了政府的资金来源之外，香港地区的社会工作者可以通过跨组织的组织

---

① 来源：《香港人在广东 香港社工服务社会 深耕内地社区—城事特搜—荔枝网》。(https://www.bilibili.com/video/BV1eL41177DW/?spm_id_from=333.337.search-card. all.click&vd_source=f0cf230988fba43792c69c32e7e100dd)

架构，实现资源调动。① 社会工作者本来就是一个极难单独赢利的组织（部门），1869 年英国成立"慈善组织会社"的亲善访问员是有钱有闲的妇女来干；更早的基于社会特殊意识形态的救济活动，在教区和"汉堡制"下市中央办事处都有协调区域资源的能力。如果纯粹搞服务就必须拿别人的钱，很难保证自身的独立性，像上文的一些理想主义的行动根本没有条件和名义去实现，而一个非营利且没有能力协调资源的组织在任何社会都很难存活。

我国社会工作者发展不只要考量合法性因素，还有资源协调因素。在该节目中，"双百"社工是一个向服务对象介绍政府政策渠道的身份，并不直接携带服务对象所需的资源。与其急于脱离或完全依赖政府，不如先解决资源从哪里来的问题。近年来，社会工作与公益慈善的重新融合发展成为热门话题，从组织机构的方式来说，走向实现慈善公益组织与社工机构的融合——纯社工类的机构应转变为综合性公益慈善组织，公益慈善组织将多多吸纳社工专业人员作为其中重要部门或部分。

学者可以批评政府各部门之间的配合不当产生了一些冗余和浪费，但至少有足够的资源支撑着它的运转，参与其中的人不必忧虑于工资

---

① 纯粹的社会服务机构是在中国出现的。现在民政部希望弄的是"民办非企业单位"。但县级才能办。人的服务为主，学校、社会团体、基金会……都是"民非"。见 2009 年《关于促进民办社会工作服务机构发展的通知》；2014 年《关于进一步加快推进民办社会工作服务结构发展的意见》。香港"基督教服务处""小众权益会"，这些非专门的机构可以自己办幼儿园，社工是嵌入其具体服务之中的。

和各项福利待遇，因此考公务员越来越受到名校毕业生们追捧。用实务领域的改变来带动教育系统的就业，无论是领域还是组织中的人，或许都能进入理想和现实兼顾的状态。

西部民族地区乡村振兴的制度与实践
——基于风险社会理论的考察

乡村振兴在脱贫攻坚的基础上，旨在助力乡村发展走向现代化，这一国家战略为地区带来了翻天覆地的改变。理解西部民族地区的乡村振兴离不开国家当前面临的风险态势、地域半农半牧的地理条件以及地区关键事件的机制分析。在历史地理特点的影响下，每个村庄、乡镇和县市之间情况差别较大，故本文是基于社会理论的跨文化研究。理论部分涉及"风险社会"的讨论，并从这个概念出发，试图搭建"关键事件"以及"非预期后果"对社会风险治理的分析框架，并阐述其优势。将调研地区产业发展情况、社会组织程度、地理特点、信仰文化等问题融入理论的讨论中，立足中国四川和甘肃省民族地区的发展情况，与西方理论的经典概念进行对话，并总结中国经验。

一、导言

乡村建设是国家现代化建设的重要举措。2015 年 11 月 23 日，中共中央政治局召开会议，审议通过《关于打赢脱贫攻坚战的决定》，明确指出要"采取超常规举措，拿出过硬办法，举全党全社会之力，坚决打赢脱贫攻坚战"。6 天后，中共中央、国务院印发《关于打赢脱贫攻坚战的决定》，确保到 2020 年，我国现行标准下农村贫困人口实现脱贫，贫困县全部摘帽，解决区域性整体贫困。当前所在的 2020 年至 2025 年"十四五"阶段，正是处在过渡期，即脱贫攻坚"成果转化"与乡村振兴"衔接"的阶段。

在此背景下，笔者于 2022 年 7 月初至 8 月底，前往 2011 年被定为"集中连片特困地区"，在 2018 年被称为"三区三州"的四川和甘肃的部分地区开展调研。中国共产党和川甘地区少数民族同胞的互动从红军长征时期就有[1]，现在这些地区的发展工作主要为乡村振兴和民族团结两大主题。调研地包含四川省成都市都江堰市，绵阳市北川羌族自治县，凉山彝族自治州喜德县、昭觉县、冕宁县、西昌市和宁南县，甘孜藏族自治州泸定县、康定市、雅江县、理塘县和稻城县，甘肃省甘南藏族自治州迭部县和舟曲县。调研主题聚焦产业发展和民族文化，同时关注上述被政策定为限制开发地区的经济发展与环境保护

---

[1] 例如，"彝海结盟"。甘南藏族杨土司要求"不要把枪口对准红军，不要阻击，开仓给粮食"等。

之间的张力问题。本文采用了定性的实地研究方法，包含直接观察法、访谈法、实物搜集等方式，结合国家统计局农村社会经济调查司《中国县域统计年鉴（2001—2021）》的调查数据[①]，最终形成一篇跨个案的实践报告。

我国西南民族，特别是川滇地区的民族，在学术界素有"彝藏走廊""藏羌彝走廊"的说法。虽然政策会因"新农村建设"，或"脱贫攻坚"，或"乡村振兴"而产生变化，但这些具有稳定性的社会结构是值得观照的。

传统的社会学理论对这些地方现有模式的解释力存在不足，社会学的农村基层社会结构研究认为，随着历史发展过程，乡村地域的农村基层社会结构也在发生着变化，以适应不同生产关系下的社会发展（阎云翔，2006）。乡村聚落的基层社会结构是以"血亲家族"为单位，以"家国同构"为网络组织起来。这种具有血缘性、地域性、传统性的社会结构建立在保守、封闭的自然经济基础之上，是形成聚落和聚居形态变迁的社会基础，并与乡村地域空间层次中的基本单位具有某种对应性的关系（李志明，2017）。而在四川和甘南藏族自治州的少数民族聚居区，相较内地而言有所不同。[②] 虽然"家"很重要，但家与家

---

① 2013 年之前，该统计年鉴名为《中国县（市）社会经济统计年鉴》，后更名为《中国县域统计年鉴（县市卷）》，并沿用至今，由中国统计出版社出版。

② 例如，四川省凉山地区是 20 世纪 50 年代才解放的。

之间的关系①、家庭规模与分户模式②、家庭内部的氛围和传说③等方面都有很大的不同。他们生息繁衍、搬迁移民、交往互动,有独特的生活方式、组织形态、文化整合模式。在人们生活发生了翻天覆地的变化后④,逐渐适应现代的生活,在更广阔的世界中谋求自己的活路⑤,要在乡村振兴的面貌之中重新审视自己与外人、本地与异地、乡村与城市、民族与国家的关系。

笔者聚焦三个问题展开,首先,从国家层面来说,为什么要振兴乡村?其次,从地区层面来说,西部发展为什么难?难在哪里?(为什么国家介入?)最后,从微观村落个人层面来说,政策下来之后,人们的生活发生了怎样的变化?又产生了什么新的问题?

二、乡村振兴的制度逻辑

自然和社会产生的危机,对当今国家发展环境提出了挑战。无论是外部环境还是国内环境,自然环境的危害更大。另外,在全球发展的角度,国内国际"双循环"是我国经济发展的基本思路。目前,外循环已经足够壮大,却面对越来越多的风险,于是党中央在2013年提出"一带一路"倡议,拉动经济交流同时也让过剩的产能向沿线国家

---

① 彝族有械斗历史也有德古的协商传统。
② 藏族两兄弟哪怕是结了婚之后也是不分家的,在家内有分工一直延续至今,根据地区的不同,平均家庭人口达到6~10人。
③ 在偏远羌寨的一些外嫁女和夫家之间至今还有着"毒药猫"的女巫想象。
④ 例如,易地扶贫搬迁,凉山悬崖村上楼进社区。
⑤ 活路:四川方言,谓工作曰活路,做工作曰做活路。

的基础设施建设转移；到了 21 世纪的第二个十年，作为脱贫攻坚政策的衔接，乡村振兴成为内循环的压舱石（温铁军、张俊娜，2020）。

面对危机，笔者发现与乡村振兴同时期开展的政策变化和发展趋势，本质都是应对风险的逻辑。例如，集体经济产业，农户单独经营很难规避劳动生产的自然和社会风险；再如一些行政区划的集中化调整，包括合村并居和撤乡并镇，降低治理风险。[①] 笔者在调研中发现，有的自然村原先是行政村后来调整成大村中的一个组，比如甘孜藏族自治州雅江县 J 镇 W 村在 2020 年和 J 村合并改为 J 镇 J 村 W 组；还有越来越多的村社区出现，例如凉山彝族自治州昭觉县 C 镇 M 社区，易地搬迁安置点一年之内就建立了，按照规划，该社区二年至四年可以基本上融入南边不远的新城镇中，将帮助把整个昭觉县打造成文化和教育的中心，这充分体现了集镇化的特点。因此，笔者认为，乡村振兴、城乡融合、城镇化等理念在学术分析的时候往往是分离的，但在现实世界中往往是勾连在一起的，笔者就这个问题特别访问了凉山彝族自治州的一位帮扶单位工作队队员。[②]

问："您认为以城镇化的方式使一个地方变得富裕算'乡村振

---

① 需要说明的是，撤乡并镇并不是最近几年才推行的事情，在全国其他地区有早在 20 世纪 90 年代就开始调整的，只不过笔者本次实践的地区是长期的困难地区，很多事情是滞后于内地的，但是又正好在脱贫攻坚和乡村振兴的节点上发挥出一些意外的效果。例如四川省凉山彝族自治州，2020 年的撤乡并镇是屡次被本地人提起的。

② "五个一"帮扶机制下，至少选派 1 个县直部门单位、1 家企业、1 名第一书记、1 名科技特派员、1 名法律顾问结对帮扶。

兴'吗？"

答："算吧，'村'只是其中的一个词，城市里也可以有村，比如城中村。所以这个政策是针对贫困落后地区的，它有一定的指标。"

这段对话引发笔者联想，诸如自 20 世纪 90 年代开始就有的撤乡并镇和类似撤点并校等具体政策，有可能是 2023 年"县域经济"被倡导所依托的背景，甚至是前期准备。城乡融合的大趋势是明显可见的，主要以城镇化的形式实现。尽管这个论断看上去是杂糅了很多互不相干的、不同时期的政策概念，但确实符合实践逻辑。呈现出这种样态的原因是，物理空间上的距离远近能够直接影响到农产品的销售运输，而农村和城镇各生产要素的整合必然需要距离的拉近。

因此，行政区划的集中化调整有可能也是发展集体经济使产业兴旺的良好制度条件。凉山彝族自治州冕宁县 F 镇 J 村的村支书向笔者介绍，有很多周边的村以合作社入股的形式，投资了 J 村的大棚农业，而这些村它们自己并不具有良好的自然条件来发展大棚农业，因为土地坡度太大或者水源等问题，而 J 村在各方面都非常适宜，于是入股之后每年还给这些村分红。这些村落原先就是行政村，后来到 2020 年直接调整成 J 村的组了。而 J 村则主要通过种植家庭农场，农户把所有土地流转给合作社之后，想种的农户可以自己种但是要交租金。每亩地收益超过 2 万的部分的 5% 要交给合作社，合作社主要用这笔钱做农民培训。① 值得一提的是，农民培训是村干部认为当下阶段最重要的事情，因为基础设施已经建设得差不多了。由此形成一个良性的循环，这就是 J 村在乡村振兴阶段的发展对策。②

三、风险社会的中国模式

面对复杂多样的经验现象，笔者选用风险社会的宏观理论作为基本出发点，以认识政策对传统—现代社会的改造能力。"风险社会"概念是现代社会理论家尤利希·贝克在思考一种新的现代性社会时提出的。在 20 世纪 90 年代，贝克基于欧洲和世界现实状况，认为我们的社会已经不再是一个单纯的工业社会，在更为高级的工业社会中，社会和自然的变化时常是交互影响的，而诸如新的疾病、核事故和农业污染这类现代风险也不再受时空的限制，"在风险社会中，过去失去了它决定现在的权利。它的位置被未来取代了"。因此，在"古代现代性阶段的理想是平等，而高级现代性阶段的理想则是安全"（乔治·瑞泽尔，2003）。在这个过程中现代性本身也发生了断裂，贝克称其为"第二次现代性"或"自反性现代性"。

对于贫困问题，风险社会的理论给出如下解释：现代社会的工业化底色使风险来自财富，因此风险也是具有阶级性的："财富在上层聚集，而风险在下层聚集。"这个思路和新马克思主义流派的著名理论家

---

① 例如，妇女节时妇女们要出去参加培训。
② 2022 年 7 月 23 日冕宁县调研笔记。

伊曼纽尔·沃勒斯坦的"世界体系论"也有相似性，用我们中国本土的话语来说，风险是"不平衡不充分的发展"造就的。

（一）民族互动史与风险处理

在欠发达地区的标签之外，产业的过渡区和民族的交融区是调研地区的共同点，从农区牧区共存、曾经的少数民族世袭首领到现在的人口迁移特征等，笔者意识到想要深刻理解乡村振兴，不得不统筹考虑城乡融合、县域经济发展等问题，不得不综合使用社会学、历史学、经济学的相关知识，特别是农业史、民族史的史料内容和理论概念。因为世界是一体的，自然与社会本就处于交互作用之中。

公元前4—5世纪至14世纪，游牧帝国处在和农业帝国的军事竞争中，并逐渐走向衰微。学者认为游牧帝国的组织性力量弱，并且由于其生产和军事方式创造出强烈的不稳定性，很难整合社会资源。由此就可以使用朝代循环论做分析，农业帝国能有很强的汲取能力，所以能在战斗力不如游牧民族的情况下保持延续。原本的游牧民族精英接受了中原的文化和身份，在唐代实现重新统一（Dingxin Zhao，2015）。这种韧性可以从政治治理术的角度来解释，中国政治的"外法内儒"是一种超越了种族的基本治理模式，"在很大程度上中国是通过游牧民族和半游牧民族的征服来扩张的，随后采用儒法的治理模式"（Dingxin Zhao，2015：8）。

这种分析存在两个局限：首先，它的视角聚焦在所谓游牧民族的

"走廊"地区，是内蒙古同纬度地区的向西延伸，难以沿着青藏高原的东沿向南分析，因为甘南、川西甚至滇北部的这些地区严格来说不是纯游牧地区。其次，经济生产方式的变化对一个地区的自然环境（土地）和人文环境（制度）带来的影响很可能受到低估，将这段历史化约成统治者的军事竞争，就忽视了一片长期处于半农半牧状态的区域。

需要关注半农半牧区是因为这片地区是最直接的民族融合区域，在现今甘孜藏族自治州 D 县旅游产业的"马帮"项目中，还能看到茶马贸易的影子。早在战国、秦汉时期就出现了早期的农牧关系，在唐代依序出现朝贡贸易、绢马贸易和茶马贸易，宋代茶马贸易的政治性受到削弱，经济性凸显，贸易品逐渐成为必需品，而在农牧区社会走向了一种平等关系（张家琪，2016）。宋明两代没能有效控制半农半牧区，富但是国力弱，经济重心南移，虽然国富，但越来越不自信更谈不上军强。在农牧对峙时期，牧区没有茶，农区没有马，但是双方对峙，都不给拿好的茶或者马。农区养的马几乎是不能打仗的，因为不能适应草原的恶劣环境。这是后世吸收其历史经验的地方，如果不做融合和团结的努力，各方会在博弈中不断地消耗自身的根基所在。

但人发挥能动性也完全可以造成互惠的结果，我们同样有历史经验。少数民族入主中原之后给土地制度带来了新的理念变化，均田制（北魏出现，隋唐推进）也成为中国古代最有成效的土地制度之一。原始社会末期的均等关系（拓跋族的计口授田），加上中原追求均衡"不患寡而患不均"的传统思想文化（《论语·季氏第十六》），最终形成了两个民族都可以接受的生产关系（樊志民，2006）。民族不应是发展的阻碍，反而应是发展的重要动力，但这需要实践者的治理智慧。从中国的历史上看，凡是有效地统治了半农半牧区的王朝相对应的都是盛世，正所谓"农可以富国，牧可以强兵"（刘壮壮，2018）。

所以，多民族在一片地区共同生存，人们不应该把它当作一种十分棘手的麻烦，而应当作是发展的催化剂，这样的信心是从历史中来的，在民族团结基础上的乡村振兴战略是到未来中去的。

（二）调研地在现代的风险处境

2008年汶川地震灾后重建使北川羌族提前发展20年，精准扶贫使凉山彝族自治州实现第二个"一步跨千年"[1]。如何理解这种从无到有的现实建构，成为政策研究的关键问题，也是投身实践的基层工作人员的关切所在。和谐社会、城乡融合、民族团结，不仅形塑着帮扶工作队员们的思维，更影响了本地人对自己的看法。

1. 以集体经济模式应对规模性返贫风险

由于地理条件原因，县与县、村与村，甚至家户与家户之间距离远，车程长。以甘孜藏族自治州为例，该自治州下辖十八个县，县与

---

① 第一个"一步跨千年"为20世纪50年代，凉山彝族从奴隶社会制度迈入社会主义制度，第二个"一步跨千年"是凉山集中连片深度贫困地区全面小康的脱贫攻坚进程。在"十四五"期间，凉山正在建设宜攀、西昭、乐西、峨汉甘洛段、德会等5个续建高速公路项目，并将新开工西香、西宁、会禄、金口河至西昌、昭觉经布拖至普格等5个高速公路项目，构建交通运输体系对当地发展的影响巨大，凉山的"跨越"仍在进行。

县之间平均车程时间要 3 ~ 5 小时。给笔者最深体会的是，当人们分散在山里的时候，迫切需要一种串联之法。国道或是乡道，作为"五通"之一修路入村或是明星旅游路线，在客观上都起到了串联的作用，这使得人们能更好地在经济上有一些突破地域界限的举措。

同样是突破界限，"社区 / 村股份经济合作联合社"这个经济架构吸引了笔者的目光，集中了分散经营的农户，提供了一种超越小农经济的现代可能。笔者在调研中了解乡村振兴的重要依托就是村集体经济，通过上述这个经济架构勾连起政府、企业和村民。在四川和甘肃的部分地区，"招商引资"下沉到社区 / 村一级，并不是地方政府招商引资农民得不到好处，事实上，现在这种依托联合社（合作社）的经济发展方式，是租地而不是征地。例如，北川县 J 水乡的一个人工养殖三文鱼厂就是企业租用农民的农用地，一些技术工人是企业派来，因为水产养殖是"技术活"。在经济产业上，虽然是"一村一品"各有特色（美食、羌寨、水产、竹海、非遗等），但在宏观角度第一产业加第三产业是本地农民发展的普遍方式，一些二产比如石料加工厂这种因为涉及了向工业用地的转化，政府是花了不少力气引资的。无论如何，当地干部觉得未来得找"龙头企业"来这边才行，这也是评判乡村振兴效果的重要指标；另外，从产品的角度，药性 / 营养价值出奇的高被常常作为增加产品附加值的利器（Z 社区的川芎、J 羌寨的"药蜂蜜"、北川羌族自治县的茶叶现代农业园区的"药茶"等），这有赖于当地得天独厚的地理环境和资源，"石羊川芎"和"北川苔子茶"等特色农产品都申请了"国家地理标志产品"。①

笔者认为，组织架构、经济产业和特色产品的这种"抱团"的发展趋势很值得关注，可以在多学科的视角下对它进行解释。合作社是把分散的农民集中起来，共同出资和分红，散户合作加上致富带头人的思路带领再加上统一销售；产业是要龙头企业带领本地其他经济组织整合起来，起带头作用；特色产品有赖于官方的统一标签或品牌，这样才能以最低的成本整合各有特色的产品，起到相互提振的宣传效应。

农民的谈判能力，吸引龙头企业，县域经济的发展都需要一个具体的依托。有学者将这个场域称为国家与社会互补的"第三领域"，它在合作化和改革开放时期都存在，也应当是延续到乡村振兴时期的治理智慧（狄金华、钟涨宝，2014）。例如培育高素质农民的"烟台经验"的成功就是在党组织赋能之下涌现的"第三领域"，它不仅仅是通过行政力量的运动式推行而成功的，更激发了农民的主体力量。经由"农民经济合作社"和"股份合作制改革"的制度设计，个别农户股份所确立的不仅是占有权和收益权，还有继承权和退出权。所以2014年就开始推进的"集体产权改革"做的不是复古的工作，不是回到计划经济时代，而是在市场化的大背景下，将明确的集体产权"入市"，以实现增值（黄宗智，2021）。

---

① 2022年7月16日都江堰市调研笔记；2022年7月17日北川县调研笔记。

　　个别农户股份虽然已经实现了经济要素在一定程度上的整合，但有关金融的抵押权和担保权仍在推进之中，由于农民能拿出的财产担保或抵押十分有限，所以笔者在这一路上看到了很多地方农村信用社都在推广所谓"小额贷款"。小额贷款不仅是为了促发展，早在脱贫攻坚期间就有为了提高基本生活质量做的贷款，只是在乡村振兴阶段，这部分的金融服务是可以衔接上的。以甘肃省甘南藏族自治州舟曲县D镇为例，截至2022年上半年，全镇脱贫户259户860人，监测户30户118人，风险消除10户36人，2021年突发严重困难户2户6人。而全镇脱贫攻坚期扶贫小额贷款已全部清零，农户过渡期小额贷款76户，成功贷款29户145万元，申请"富民贷"3户45万元，主要用于发展种养殖业，扩大种养殖、经营规模等增收项目。①

　　但也有学者认为，小额信贷不是摆脱贫穷的好方法。"小额信贷机构对于零违约的关注确定了它们对其潜在借款人的严格要求。小额贷款精神与真正的企业家精神之间显然存在着一种紧张关系"（阿比吉特·班纳吉、埃斯特·迪弗洛，2013）。随着乡村振兴战略的不断推进，究竟农村金融服务在中国未来的发展趋势如何，笔者认为有很大的一片讨论空间。

　　总而言之，中国的社会在发展与变迁中，同样需要面对西方学者说的"风险社会"带来的种种危机，而乡村振兴以及与它同步推行的

---

①　2022年8月16日舟曲县调查记录。

人员组织方面的调整，都是我国应对风险的做法，其本质思路是缩短各生产要素和人之间的距离，以实现可持续的发展，这个思路不同于西方的现代理论家为工业化和现代性设定的出路——"个体化法则"（乌尔里希·贝克，2004）。

2. 以复垦激励应对粮食问题的安全风险

食物是人类存续发展的命脉所在，社会史的研究表明，人口与食物问题，家庭经营与过密化（黄宗智，2009），都有可能引起社会的巨大变革。而饥饿问题是一个全球性的议题，民以食为天，若粮价上涨、粮食供给不足，公众参与将把粮食安全问题转化成政治问题。

坚守耕地红线并管控非粮化，往往被视为城市扩张带来的风险治理措施，但究其本质是，为什么要保证粮食自产的产量，不能大量依赖进口的国际贸易问题。在粮食商品化的背景下，全球的粮食定价由控制全球粮食的四大粮商所决定，它们所维系的供应链之重要性不言而喻，而国际局势对粮食产销会产生直接的影响（刘晓亮、高钟庭，2014）。学者进一步指出，中国粮食安全形势同国际粮食安全形势是密不可分的（曹宝明等，2021）。

笔者调研的这段时间，一些地方政府抓非粮化的力度很大。凉山彝族自治州在精准扶贫时期就是"三区三州"中的深度贫困州，贫困发生率一度达到 19.8%，X 县领导表示还是需要将农业放在第一位。在凉山彝族自治州 X 县地方政策文件中，粮食安全的措施被表述为："坚持贯彻粮食安全、'菜篮子'稳产保供的政策和措施，……全面实行粮食油料（包括木本粮油）、经济作物（包括林下经济）、畜禽水产养殖园区分类管理和考核。在以粮食为主的园区不少于30%的前提下，县级园区实现以粮为主、粮经统筹、种养循环、'五良'融合发展。"尽管要求明确，但实践起来矛盾较大。X县的基层干部表示前一天正在开会讨论"稳得住"的问题。虽然现在国家的资金投入力度很大，但乡村振兴的"五年过渡期"之后，国家的转移支付的力度可能会削减，现在为了让农民复垦"撂荒地"，通过政策支持，每亩能够给几百块钱的补助，这直接激励了农民种田种粮，也能增加农民的收入（检测线的四个收入来源之一就是转移性的收入），但是2025年之后，能否将全部"底牌"押在短短几年的少数民族村社区的移风易俗，以及大部分地区发展的集体经济产业的行动中？笔者认为习惯的养成是长期的，尤其在成人阶段去扭转是困难的，特别是少数民族地区还涉及语言交流的障碍问题。

解决完上一个问题，地区发展又将直接面临发展产业与复垦耕地之间的矛盾。在都江堰的Z社区，支部干部向我介绍了当地的"退园还耕"的倾向，从之前的退耕还林走到今天复垦耕地，这不是对整个发展理念的推翻，而是基层治理与国家治理在结合宏微观层面的时候，需要对"两山理论"进行符合各地实际情况的解读，才有可能避免政策脱节的问题。再如凉山彝族自治州C市，作为限制开发区，为了走保护生态的道路甚至不让搞工业，因为面源污染是生态的大敌也是农业和粮食安全的大敌。

总而言之，粮食安全问题是高度复杂化的，既涉及国内城乡关系也涉及国际环境问题，既需要考虑维持农民收入也需要考虑生态保护和污染防治，在耕地复垦与土地流转等问题之间，形成了一个纷繁复杂的风险治理局面。

3. 以重视民族语言教育和应用应对文化风险

习近平总书记在党的十九大报告第七部分指出"文化是一个国家、一个民族的灵魂。文化兴国运兴，文化强民族强。没有高度的文化自信，没有文化的繁荣兴盛，就没有中华民族伟大复兴。要坚持中国特色社会主义文化发展道路，激发全民族文化创新创造活力，建设社会主义文化强国"。与我交流的少数民族同胞"会说但不会写"本民族语言，尤其是"90后"，获得体制内工作的受教育程度较高的同胞们（藏族和彝族），对于本民族文字不认识，会说一定的民族语言但是"不能太深的"；而对于年龄更小的少数民族同胞，如偏远地区的彝族、藏族同胞，在上学前还会本民族语言，但上学后就很少用了。文化最根本还是要看教育，如果只有个别学校专门开课教写彝、藏文，学彝、藏族文化，都不能指望本民族来传承自己民族的文化时，这是十分危险的，特别是引发一些不满情绪的时候，在社会冲突论的视角上就会有冲突的出现，它可能最初表现在匿名程度较高的网络平台上，这对于社会心态和社会共识的凝聚是不利的。因为文化不应该屈身于某个数据库之中，它应该是"活"的，活在社会生活之中。

民族文化怎么和乡村振兴发展接洽上是更深一层的问题，在调研中笔者发现当地人的少数民族语言使用越来越生疏的现象，但事实上关于文字和文化的讨论相当复杂。西南各个民族的文字也在历史上有串联的关系，氐羌族南下，自北向南沿着彝藏走廊迁徙，形成"西南夷各支系"（宋兆麟，2013）。同时，巴蜀文化的象形文字对南下的氐羌族也产生着影响。青铜器上的文字和史前彩陶上的符号融合起来，形成了西南民族的象形文字链。而西南民族的古老的象形文字起源于巫，它们由祭司发明，被祭司使用（宋兆麟，2013）。这在彝族就表现为有且只有毕摩认识彝文，同理，藏文经书也必须有认识藏文字母的人才能阅读。如果要对其进行研究并和学术界产生交流，就至少需要同时精通两种语言。由于文字最早来源于祭词和祷神词的需要，所以一些少数民族非物质文化遗产的传承人对巫与祭祀文化十分了解。笔者认为这些被官方承认的人成了民族知识分子的新的形象，传承着民族的文化。羌族有宣誓神判（泛灵的），彝族有祭司毕摩看病、占卜、血的神判，毕摩经典中也有不少天文、历法、文学、历史的科学文化知识，藏族的本教、山神信仰等领域都是值得发掘的地方，也是理解人们生活的切入口。笔者通过调查发现，如果研究者懂这些文化内容，则能够快速地和一些地方文化精英建立起信任，尊重并了解对方的文化，对方也会进入一个更自如的状态与研究者交谈。这些远离"主流"的有信仰人士和民族人士，也要让其发挥其光热，为我们的文化自信添砖加瓦。

四、"非预期后果—关键事件—风险治理"分析框架

在实践层面，底线思维在 2022 年的中央一号文件中，被明确为两个底线——防止规模性返贫和粮食安全。在理论层面，贝克的讨论或许能给我们提供更多的思路，由于风险已使核心从"现在"转换到了"未来"，而"在对未来的讨论中，我们处理的是'预期变数'，是现在（个人的和政治的）行动的'预期的原因'。这些变数的意义和重要性直接与它们的不可预测性以及威胁成正比"（乌尔里希·贝克，2004）。厘清这一逻辑，就可以明晰为什么在一个充满风险的社会中，"非预期后果"成为组织理论中的重要概念。

在底线思维的逻辑下，形成风险治理的理论分析框架，对政策的制定和实施都有益处。在地方层面，关键事件直接影响了风险的类型和治理思路。一个事件发生与否本来是一种经验性知识，是"'存有论的'知识"，而当研究者试图对这个经验事件本身下一个"关键"判断时，这个过程必然要用到"规范性知识"。为方便论述，笔者将其分成自然与社会两类。

（一）由自然界产生的"关键事件"

地震泥石流这种造成了重大财物损失特别是人员伤亡的，有指定词语去描述的自然灾害（如"5·12"大地震和"8·8"特大山洪泥石流灾害），对于生活思维和经济行为的改变是一种关键事件。

　　笔者认为识别并分析自然界产生的"关键事件"，把这一概念作为中观的理论工具能够成为我们分析社会心理的一个视角上的补充，对于当今中国的社会分析，可以更为主动地思考"新冠"疫情在种种命题下的影响作用，这不仅是经验感受，更是一种理论自觉，而当理论自觉出现之后，研究的思路、设计、行文，都能顺畅不少。

　　正如笔者在田野中看到的"5·12"大地震对四川人民的观念改变的作用，以都江堰市为例，它被定为"极重灾县（市）"，在汶川 8.0 级地震地表破裂带上，并且震源是从都江堰市一直断裂到北川县，形成了一条西南到东北的断裂带，按照等震线可知这两个地区震级相似，地震烈度也相近，所以笔者的观察——当地人都把地震作为重要的时间标志点——有可能是出于上述客观情况的原因，当笔者在其他地震震级和烈度更低，造成伤亡损失更少的地区调研时，当地人表示受到这个事件的影响比较小。据一位都江堰人回忆，2008 年之前，村里经济主要靠农副业，除了种植水稻还有玉米等作物。但地震之后，劳动力外流特别明显，村里快速呈现出空心化的特征，于是种植了周期长且不需要精细照料的作物，到后面抓粮食安全问题，政府号召"退园还耕"，才拔树种上了现在集体经济依托的川芎。对此，他的解释是"地震之后，大家消费观发生了变化，因为不知道意外和明天哪一个先到来"，他还观察到地震之后村民选择买车的明显变多了，之前村道上都看不到什么车子。笔者认为这个经验提供的一个重要视角是，剩余劳动力就业机会的增加，不仅仅依赖于 20 世纪 80 年代开始打破的城乡二元结构的这类制度性条件，农民进城同样需要一些特定的"契机"，而"关键事件"就提供了这个契机。这个事件本身的影响力大小，决定了使用这一事件分析带来的解释力大小。而都江堰市自灾后重建以来，一直到现在打零工的人也很多。

另一个类似的经验是"8·8特大山洪泥石流灾害"对舟曲县的影响，当地人向笔者介绍："灾后思想改变了，原来是外出务工，穷得很。后来消费能力也上去了，捐款给了很多钱，在兰州新区和峰迭新区有了安置房"，现在的舟曲县消费能力很强。除了消费习惯的变化，笔者还观察到当地"追思园"也是当时被泥石流完整埋葬的居住人口较多的平房区，它地势较低，而距它200米左右东西两侧地势略高的地方，都有寺庙建筑。由此，笔者特别访问了东侧山坡上的一座正在修建的"泰山寺"，在交谈中当地人证实了笔者的想法，这些信仰场所的建立也是为了让死去的同胞能够安息，亲人有所寄托。在观察和访谈之外，笔者收集到相关量化数据来佐证这一认识的合理性。

由图3-1可知，舟曲县人均储蓄净增长的两次在2008年比前一年的增值增长1500元左右，2011年比前一年2010年增长1500元左右。2008年至2011年，人均储蓄净增长呈现增加趋势，说明当地人倾向于储蓄以应对风险，而在灾后重建的2011年至2017年数年时间内，人们对于储蓄的热情下降，更倾向于消费，2017年之后才继续恢复到2008年灾前的增长水准。而舟曲县在2008年"5·12"大地震与2010年"8·8"特大山洪泥石流灾害两次自然灾害事件中都是重灾区县，所以储蓄行为的重大变化也是从这个时候开始，证明了"关键事件"能够成为理解行动者行为变化的标志。①

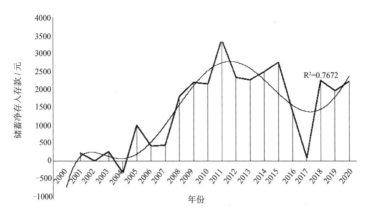

图 3-1　舟曲县每年人均储蓄净增长趋势

总之，研究者可以瞄准确定一个过去的历史事件或现在正在发展的已经对人类产生重大影响的事件，来看待其"次生"的社会影响。这种事件有三个最基本的特点，即意外性、标志性与灾难性。它们带来的影响往往有两个特点，断层式的发展进度（更趋近／远离当时公认的最高发展水平地区，至于是趋近还是远离需要看社会—经济—技术条件是否准备好带来推力，简单的财力援助不能带来这种"断层式"的发展，正如 Z 社区的人所说，人们的观念发生了巨大的变化，新的

_____

① 笔者计算每年人均储蓄净增长是考虑到储蓄的积累特性，每年的支出与收入情况的新的变化无法通过原始数据直接反映。使用多项式趋势线拟合后，R^2 达到约 0.8 趋近于 1，回归拟合效果能反映数据波动的趋势。回归方程：$y = -0.0079x^6 + 0.5799x^5 - 16.099x^4 + 207.78x^3 - 1255.8x^2 + 3381x - 3045$。

技术手段得到意料外的发展机会 / 用武之地，这就来到下一个特点），意图在恢复却创立了新的生活方式。

（二）由人类社会产生的"关键事件"

除了自然界产生的"关键事件"，人类社会也会产生"关键事件"，而且具有两大特点：一是适用于各个层次的视域，比如在乡村振兴时期，农民或者村干部个人、某村社区、某乡镇，某县、某州市、某省、全国，都能找到对应的"关键事件"；二是它的产生具有由上及下（自上而下）的特点，这种特定的影响顺序能够为研究者带来追溯因果的效用。"一个社会事件或事实引致了另一个社会事件或事实，前者与后者间必定有一个中间过程，而二者是不可能同时发生的，这一中间过程永远嵌入时序中。社会机制的一个重要思想是，具有时序性的历史事件有其意义，它们在因果解释中的地位不仅应该受到承认，而且应该加以进一步的概念化与分析"（李钧鹏，2011）。

例如，在乡村振兴发展产业的角度，早在 2011 年国务院就出台《国家主体功能区规划》划定限制开发区，这种生态指标必然导致用地的批复难问题，进而引发经济发展之间的张力。以甘南藏族自治州为例，国家一级提出新发展理念中的绿色发展理念，省一级就需要去落实长江上游生态涵养区；省一级要担好"绿色使命"、培育"绿色文化"、把握"绿色机遇"、展现"绿色魅力"，州就需要打造"五无甘南"，成立专门的全域无垃圾办公室；州一级给 D 县林业局定的一个生态红线的指标，直接影响了县的产业发展思路，必须从第一产业的林业转为第三产业；某一次县级政府行为的投入，彻底改变了 Z 村的基础设施和配套制度设计，旅游业就发展起来了。[①]

在中国的现实变化中，的确可以看到社会与自然变化是纠缠在一起的，这一点和贝克说的"风险社会"特征十分匹配。而一些关键的政府行为，对地区发展来说是"关键事件"，且试图限制非预期后果的出现。

（三）"关键事件"为非预期后果分析创造明晰的序列

费孝通曾指出对政策方向变化和对文化变迁的判断，最关键的是对社会制度进行功能分析。[②] 这也是马林诺夫斯基在为《江村经济》题写序言中提到的应用社会人类学方向体现。然而，哪怕进行了充分的调研，规划工作不总是和现实完全重合，政策的施行经常出现"非预期后果"。从理论角度，"非意图后果"是一个来自西方的概念，但已经有不少中国学者对它进行了阐述（刘玉能、杨维灵，2008）。由默顿在《社会理论和社会结构》（1957）中提出的"意向外后果"，整体符合吉登斯和贝克等人所说的"自反性现代化"的思路（杨善华、谢立中，2006）。[③]

---

① 2022 年 8 月 10 日至 15 日迭部县调研笔记。
② 费孝通：江村经济，上海人民出版社，第 15 页。
③ 杨善华，谢立中：西方社会学理论（下卷），北京大学出版社，第 130 页。

　　笔者认为识别并分析人类社会产生的"关键事件"，把这一概念作为中观的理论工具的重要性在于，作为社会政策和社会治理研究中"非预期后果"理论概念的中介。正因为"非预期后果"这一概念本身有一种未知性，往往以零散的事件形式出现，而且可能只局限于某些具体的微观政策之间或宏观政策的分析之间。社会的"关键事件"，正如笔者上文所述，它自上而下的作用机制，本就和"非预期后果"的产生逻辑一致，都是自上而下的：上面在设计的时候没有预料到但是下面实践中确实出现的"未预期后果"，以及上面已经预料到但主观上并不愿意它发生的"非意向后果"。当研究者从"关键事件"的角度去追溯时，必然会带出来一条上下完整的、从政策设计到落地的逻辑链条。

　　正如笔者在凉山彝族自治州发现的土地与产业发展之间的张力，以及甘孜藏族自治州和甘南藏族自治州生态保护和产业发展之间的张力。前者是非预料非预期的"非预期后果"，后者是有预料非预期的"非意向后果"。在凉山彝族自治州 A 镇 N 村，做葡萄大棚则一亩地收入 10 万元，种粮食挣 200～300 元，算上成本还可能赔钱。于是家里没有土地条件做温室大棚的，干脆外出务工，而且从脱贫攻坚时期开始为了增收农村社区干部就会去鼓动村民外出务工，且村民也愿意通过务工来增收，客观上加快了农民的市民化。在一些城镇的规划中，移民尤其是易地搬迁的安置点，就设置在了现有城市圈的周边，时刻准备联动，但当国家发现"非粮化、非农化"成为"非预期后果"时，提出了开始管控"非农化、非粮化"以及两个底线思维，在相关文件中也明确提出粮食安全底线的问题（因病、因灾返贫也是"防止规模性返贫"需要关注的，病和灾对于个人、家庭、村庄而言都是"关键事件"），试图以政策手段干预"非预期后果"，继续追求安全与发展。

类似的例子，甘孜藏族自治州 M 村和甘南藏族自治州 Z 村的生态保护工作必然会带来一些项目的难以批复。当笔者问到现在村里想要乡村振兴但是遇到了什么困难的时候，村干部经常表示："地批不下来。"伐木这种对生态破坏严重的生产被叫停之后，发展旅游业也是需要土地的。这也带来了一个治理的难题："老百姓兜里没钱，凭什么让人家保护环境啊。"常年以来"靠山吃山靠水吃水"的人们，不仅需要向自然索取自己生存所必需的资源，比如建房子用的原木、房子里外堆的柴火、牦牛的奶和肉；也逐渐形成了能够从中获得货币形式收益的生产方式，这里主要指农特产品的销售，不仅是有"松茸之乡"美誉的雅江县，诸如理塘、稻城等高海拔地区，村民们都有在五六月上山挖松茸、虫草的习惯。

在这样的地区，最大的特点是政府不得不用多投入的方式来干预"非预期后果"。因为原来的生产方式在新的社会环境中，可以预料地行不通了，政府必须承担起产业转型的主要责任，而且本地人也没有雄厚的经济基础可供发展前期投入巨大的新产业，因为自然经济的逻辑和商品经济市场经济有很大的区别，最直观的问题是农民对于"风险"问题非常担心，因为这在自然经济中代表着一年就白忙活了，但是如果是一些外地的发展水平比较高的人到这边做生意，他们已经习惯了利用信贷资金、金融市场，以风险来"对冲"风险，他们能够看到风险背后的高收益的可能性，并且愿意为之一搏。但不少村庄民宿搞不起来，就是因为农民担心自己如果拿二三十万出来改造房子，"最后没有人住怎么办"，钱就打水漂儿了。由于土地制度，外地人想要到村里发展民宿，是没有办法直接用农民的宅基地的，除非转成商业用地，但是正如上文所述，出于对粮食安全耕地红线的考虑，必须是双方合作，必须发展集体经济。虽然有了发展的条件，但还是由于观念思路上的限制，可以看到很多村里集体经济的带头人往往是党员，其他村民真正参与集体经济中的并不多。①

国家管控"非农化、非粮化"，没有任由农民"离土又离乡"的治理思路表明，强调防控经济风险的同时，也需要兼顾安全风险，提高国民生产总值的同时，国家也在注意那些有可能转化为危险的风险，这就是干预"非预期后果"的根本逻辑。出于自然经济和商品经济市场经济的本质差异，在乡村振兴的过程中，需要在风险治理中识别什么要素在当前的发展阶段更重要，这个要素的重要性是以什么"关键事件"为依托的，而如果试图用政策干预时，又需要对可能出现的非预期后果做后续的政策准备。如图 3-2 所示。

----

① 2022 年 7 月 18 日，绵阳北川县 Q 镇的一个康养的村子里，老书记是民宿带头人，他反映了这个问题。

图 3-2　风险社会理论的现实问题分析框架

五、结语

中国的古代社会就存在风险处理问题，在现代社会中，"风险"也成为政策的关键考量要素。

在经验层面，在中国的乡村振兴实践中，由于劳动力的流动性在西部民族地区显现不明显，没有走向个体的制度化，而是用"社区／村股份经济合作联合社"的经济架构，以集体的力量在应对风险。此外，由于我国民族互动的历史悠久，自然与人文社会相交互的风险特点不一定产生并只存在于现代社会，有可能是一种历史结果。

在理论层面，基于风险社会对预期变数的强调，非预期后果有了坚实的逻辑起点。从非预期后果到风险治理之间，用"关键事件"来串联对于现实有一定解释力但不是唯一的途径。这些理论概念的组合，是由于笔者关注经济发展与环境保护这一对制度张力，关注政策实践中组织目标与实际落实之间存在的距离，试图挖掘发展过程中的难点所在。

正如上文对风险社会理论的分析，人们在看待问题的时候可以将思维简约化、高度抽象化，以一种显著特点来标识整个社会的面貌，但是现实永远是复杂的。对于实践者，一个政策从制定到实施，造成后果和不断调试的过程是螺旋上升的，笔者在他们的身上看到，修补问题并创造新的可能，需要直面全村、乡镇、县市的各种复杂的现实情况，并和自上而下的战略政策结合起来。这是一种技术，也是一种艺术。

最后，本次调研实践让笔者感触最深的就是这句俗语：天时地利人和，笔者对实践路上拜访和打扰的人们，以及联系调研单位表示最诚挚感谢。笔者相信，在切实为人民着想，各方努力为人民服务的合力中，希望之花就开在北川受灾的废墟上、开在凉山彝族自治州孩子们的笑脸上、开在民族同胞的心里、开在每一寸祖国大地上。

第四章 回归理论：学科交叉的趋势与方向

人类学中自然与社会科学的融合取向：
政治人类学诸作品逻辑与研究范式；科技人类学——基因科学在人类田野。

历史学经验材料与社会学建构论思维：
儒学的自我转化——进化观探究；全球发展的文化内涵——共同使命的理论与现实。

心理学经典理论与社会学群体议题：
遗传和教化的关系的行为主义视角——社会心理学元理论问题的探究和启示；社会环境与集体行为的理论建构探究。

哲学思想传统与社会学的现代之问：
对"灵"字的社会语言分析；现代社会"打工人"的马克思主义劳动哲学思考。

人类学中自然与社会科学的融合取向：
政治人类学诸作品逻辑与研究范式

　　笔者试图梳理诸作品逻辑，目的是思考政治人类学的面貌何以可能。通过看人类学家们的方法、思路以及具体的经验研究结论，看能否获得一个清晰的、属于"政治人类学"家的研究范式和思想体系。

一、文本"对话"

（一）有具体田野点的政治人类学研究

1.《缅甸高地诸政治体系》与《努尔人》

　　埃文斯-普里查德于 1940 年出版的《努尔人》和埃德蒙·利奇于 1954 年出版的东南亚研究《缅甸高地诸政治体系——对克钦社会结构的一项研究》都是经典的政治人类学著作，它们之间存在思想的对话。

在《缅甸高地诸政治体系——对克钦社会结构的一项研究》代译序中，F. K. 莱曼认为利奇本质上是将"文化看作是文化持有者所赋予的"，因此"各种族群范畴都是对人群的归类"且"任何社群都有可能确实拥有不止一个的族群认同"。[①] 以此为思路，笔者认为本书的核心内容是思考族性与社会结构的范式转换问题。由自我认同的社会体系及其文化构成的"族性"，是族群间社会政治关系的函数。因此，族别范畴是相对的，不是某社群的固定的单一的本质。这个认识和《努尔人》代译序中写的"人们认同中的变动性"[②] 相近，即在裂变模式下，群体认同具有断裂性和情境性，维持努尔部落裂变分支之间平衡的是"世仇制度"。所以努尔人的社会缺乏法律和权威人物，却不缺乏政治。埃文斯-普里查德构建了一个复杂的分化体系，它由亲属制度系统、政治地域系统和年龄组系统构成。这个分化体系"并不是一个政治联合体，虽然有共同认同但是其成员分散在各个部落中，由此产生的是社会分层而非阶级"[③]。

从两本书的具体内容来看，利奇明确指出了两人思想中的相同，他认为克钦模式是典型的"分支裂变型"原始社会模式："在某些方面，克钦模式是一个典型的分支裂变型原始社会的模式——'氏族（gentile）'组织，……对努尔人和塔伦西人以及蒂夫人所做的许多概

---

① 埃德蒙·利奇：缅甸高地诸政治体系，商务印书馆，第 2 页。
② 埃文斯-普里查德：努尔人，商务印书馆，第 14 页。
③ 同上，第 12 页。

括同样可以应用到克钦人身上。"①

埃文斯-普里查德的分析是从牛开始的，努尔人对于牛的"兴趣"使政治秩序的出现成为一种可能（牛的生活节奏安排着人的生活）。他们生活的苏丹南部的生态是在干湿两季之间的周期性摆动（和牛有关），由人来加以区分时间和空间。由此，努尔人的生态环境与政治制度纠缠在一起，有契合性。其连接由人群建立起来，而人群对内是分化的，对外又有同质性，形成"以社区认同为基础的裂变分支的等级"②。该书后半部分的第四章至第六章，作者则开始深入分析努尔人社会组织之中的政治生活。"不同于我们很多人所熟悉的在国家这个'利维坦'巨灵约制之下的现代国家，那里的政治体系是一种不受高高在上的外在力量约束的体制，埃文斯-普里查德将其称为裂变制"③，"这种裂变制又恰恰是建立在一种'世系群体系'的分分合合的动态平衡的基础之上，这些便构成了努尔人社会与政治生活的独特性，这种独特性让我们有机会反省我们的制度存在的非原处性和非唯一性"④。

利奇的分析则以某种仪式语言为切入口，他在克钦山区观察到1837年缅人、掸人和克钦人的一种仪式性表达的共同语言，这让他认为：第一，没有证据证明孟拱召帕曾经掌握着掸邦的权威，"仪式的背后并不存在一个真正的邦的政治结构，而是一个理想化的邦的'仿佛

---

① 埃德蒙·利奇：缅甸高地诸政治体系，商务印书馆，第288页。
② 埃文斯-普里查德：努尔人，商务印书馆，第9页。
③ 同上，第6页。
④ 同上，第6页。

为真'的结构"。因为他们都知道怎样使用这种共同"语言"[1]让他者族群理解自己,所以就使用了,这个仪式并不属于政治事实的范畴。第二,也正是出于这种"语言"的同一性,利奇发现克钦人把掸人与贡萨克钦之间的差别视作理念式的差别,而不是"族属、文化或者种族类型的差别"[2]。所以利奇认为,人类学者将种种理念型划分得清晰精确,但"实际的类型却相互交叠"[3]。他批评刻板的民族志及其"徒劳的"变体[4],试图提出一种新式的人类学研究方法。第一,要将视野扩展到"多个社会体系"[5]来看待,关注"单独一个地区的文化与结构交互变化的趋势"[6]。第二,要知道,清晰明确的文化实体划分并不必然存在,部落的范畴不是绝对独立和分离的,存在"制度意义上的互动"[7]。他将克钦山区中各个不同社区视为克钦文化的变体,而非"部落"的实体。因为他相信"……只要邻近的社区之间有显而易见的经济、政治和军事联系,那么任何有效的社会学分析的领域就必须跨越文化的边界,这对我来说似乎是不言自明的道理"[8]。

两人的思维范式是接近的,都跨在功能主义与结构主义之间。笔

---

① 埃文斯-普里查德:努尔人,商务印书馆,第264页。
② 同上,第270页。
③ 同上,第270页。
④ 埃德蒙·利奇:缅甸高地诸政治体系,商务印书馆,第275页。
⑤ 同上,第268页。
⑥ 同上,第271页。
⑦ 同上,第275页。
⑧ 同上,第276页。

者认为利奇持有的是一种宏观的互动论，通过不为某族群预先假定出的一种社会的、文化的、理想的、稳定的实体结构①。埃文斯－普里查德与霍布斯对话"试图以此去说明一种自发形成的秩序其运行的妙不可言。那秩序是暗藏于人们的生计之中"②。结构功能论一派追求一种理想的统治制度，不费一兵一卒天下就能太平，强调和谐与均衡创造秩序。埃文斯－普里查德的"世仇秩序"，无疑挑战了结构功能主义。F.K. 莱曼和张文义认为埃文斯－普里查德是英国结构功能论人类学中的叛逆者，有法国学派的理论表述，有《社会分工论》的影子③，利奇也对涂尔干的仪式与团结思想进行了运用和借力。④

2.《斯瓦特巴坦人的政治过程》《缅甸高地诸政治体系》与《努尔人》

《斯瓦特巴坦人的政治过程》是弗雷德里克·巴特⑤在 1957 年写的博士论文，并于 1958 年正式出版。这部作品同《缅甸高地诸政治体系——对克钦社会结构的一项研究》（1954）和《努尔人》（1940）有不少对话，对前者给出确证，对后者则在共性上指出差异。

巴特这部作品的整体逻辑是先提出一种"生成性的"政治体系分析方法⑥，然后展开一个地区的政治生活民族志资料，最后再对政治结

---

① 埃德蒙·利奇：缅甸高地诸政治体系，商务印书馆，第 266—267 页。
② 同上，第 6 页。
③ 埃文斯－普里查德：努尔人，商务印书馆，第 2 页。
④ 埃德蒙·利奇：缅甸高地诸政治体系，商务印书馆，第 265 页。
⑤ 关于弗雷德里克·巴特的译名，李丽琴曾将其译为弗雷德里克·巴斯。
⑥ 弗雷德里克·巴特：斯瓦特巴坦人的政治过程，上海人民出版社，中文版序第 2 页。

构形成过程进行理论阐述。其核心内容是，政治活动的目的在于建立政治势力、地位的过程。这个过程包括提高自己影响力、维护自身安全、实现对别人的统治、各种冲突和政治活动，形成的制度化形式只是结果不是目的。可以认为，巴特对政治人类学分析的最大贡献就是他的"生成性分析模型"，该模型的研究对象是政治的变化、转化及其内在动因。[①] 巴特指出，"我们不应该停留在对政治生活外在政治形式的表面分析上，更需要对内在政治过程进行剖析"。他主要通过政治联盟的构成和社会特殊意识形态的政治角色这两个方面来具体论证。两类领导者代表着两个政治联盟集团，基于互补性、差异性和依赖性，"每一方的出现是以另一方为前提的，政治体系就是这两方活动的结果"[②]。

这样一部鲜明强调政治互动过程的作品，在中文版序中，巴特写道："……我在书中所描述的情况与大家熟悉的、以父系血缘为基础而裂变出来的各种群体组织的模式完全不一样。虽然在斯瓦特地区血缘对于确定一个人的身份、机遇和社会地位起着重要的作用，但它并不能决定一个人的联盟身份。这种身份完全是以现实生活目的为基础来确定的。因此，政治联盟的内在动因既非来自原有的政治体系，也非来自相互对立的政治意识。"[③] 中亚斯瓦特部落民族和非洲不同，前者是两大集团此消彼长的关系，后者是《努尔人》中描述的那种裂变分化

---

① 弗雷德里克·巴特：斯瓦特巴坦人的政治过程，上海人民出版社，第6页。
② 同上，第195页。
③ 同上，第3—4页。

的足够复杂的形态，来维持分级体系的内部平衡。[①] 这两个不同地区的族群在巴特看来有鲜明的差异，而整体来说却都符合利奇提出的动态论特点，有共同的基点。[②]

3.《逃避统治的艺术——东南亚高地的无政府主义历史》与《缅甸高地诸政治体系》

詹姆士·斯科特在《逃避统治的艺术——东南亚高地的无政府主义历史》中提到，"任何走我所走过的这条路的人都要靠不断地参阅埃德蒙·利奇的《缅甸高地诸政治体系》著作，才能有所成就。很少有著作这么'值得深入思考'"[③]。

斯科特走过的路就是，把山地社会的一切生产和社会文化内容视为"自愿走入野蛮"的政治选择[④]。他解构"生""原始""野蛮"，开启"原始主义""中心主义""谷地王国""现代民族国家"之外的想象——所谓"原始"并非"落后"。笔者认为这就是对一些进化论衍生思想的最好的回应。

斯科特和利奇的田野点从宏观角度看都在东南亚山地（地理意义上），只不过斯科特研究的"赞米亚"地区范围更广，包含中国4个省

---

① 弗雷德里克·巴特：斯瓦特巴坦人的政治过程，上海人民出版社，第195页。

② 同上，中文版序第6页。

③ 詹姆士·斯科特：逃避统治的艺术——东南亚高地的无政府主义历史，生活·读书·新知三联书店，第6—7页。

④ 同上，第3页。

（自治区）以及东南亚的 5 个国家 ①。《逃避统治的艺术——东南亚高地的无政府主义历史》（1992）中主要观点和《缅甸高地诸政治体系——对克钦社会结构的一项研究》（1954）结论部分的一句话形成呼应，在《缅甸高地诸政治体系——对克钦社会结构的一项研究》一书中是这样描述的："中东地区是国家和帝国的发祥地，它拥有中央集权的政治体系的时间比世界其他任何地区都早。那里的部落民族并非因为无知，而是作为对他们所处的自然和社会环境的一种稳定而成功的适应方式才保留了他们的部落机制。"②

（二）泛论民族与族群的政治人类学研究

美国著名学者、东南亚地区研究家本尼迪克特·安德森认为，以印刷方言为基础，形成具有个别性的、特殊主义的"方言—世俗语言共同体"，这就是"民族的原型"③。换言之，在社会结构层面需要他者的存在，才能显现出某种个性和不同以供人们进行认知和想象，这个逻辑如果成立，需要一个非单一族群的研究范式。

《族群与边界——文化差异下的社会组织》提供了这种范式。巴斯在"导言"中探讨多族群体系，提出了毗邻族群互动过程的研究范式，

---

① 詹姆士·斯科特：逃避统治的艺术——东南亚高地的无政府主义历史，生活·读书·新知三联书店，前言第 1 页。

② 同上，第 193 页。

③ 本尼迪克特·安德森：想象的共同体——民族主义的起源与散布，上海人民出版社，第 9 页。

该书收录的论文都是沿这个思路走的具体经验研究。[①]

二、思维轮廓

政治人类学家的思维起点往往是所谓"边缘人"或"部落民"，究竟有没有"政治意识"，《努尔人》揭示的就是在一个没有中央权力的社会中，秩序如何产生和维持。这让人类学家意识到，他们的研究对象的政治意识和现代西方人的政治意识是不同的，就有了《逃避统治的艺术——东南亚高地的无政府主义历史》的思考，无政府社会倾向何以可能，但这种组织形式和现代"国家"的不同不是政治意识上的，而是具体形态上的，因此人类学家们发问："他者"的"政治意识"即族性或认同从哪儿来。这里就存在两个路径：一种路径见《想象的共同体——民族主义的起源与散布》，把语言看作是族群想象认同的重要媒介；另一种路径见《族群与边界——文化差异下的社会组织》，造成族群最主要的是"社会边界"，而不是语言、文化、血缘等内涵，研究族群认同需要着眼那一套特定文化同价值标准相结合的产物。

在"政治意识"方面有了充分的解答，人类学家们还需要解释"他者"社群的政治意识对他们的社会政治系统的影响，毕竟后者是真正客观、可观测的。《斯瓦特巴坦人的政治过程——一个社会人类学研究的范例》中指出，要研究"政治过程"，而不是一个静态的结果。政

[①] 巴斯：族群与边界——文化差异下的社会组织，商务印书馆，第1—13页。

治集团的互动，形成生成性分析模型。与它相似的认识是《族群与边界》，冲突塑造社会。不过，值得注意的是，诸多研究似乎都指向同一个结果——社会政治系统不是固定不变的。比如《缅甸高地诸政治体系——对克钦社会结构的一项研究》展现的族性和族群间社会政治关系的"共变关系"，这可能是一些人类学者的某种意义上的逻辑终点。

总而言之，上述政治人类学作品呈现的是自发秩序的形态，在组织意义上是非现代国家的，在心理上是具有民族性的。具体如图4-1所示。

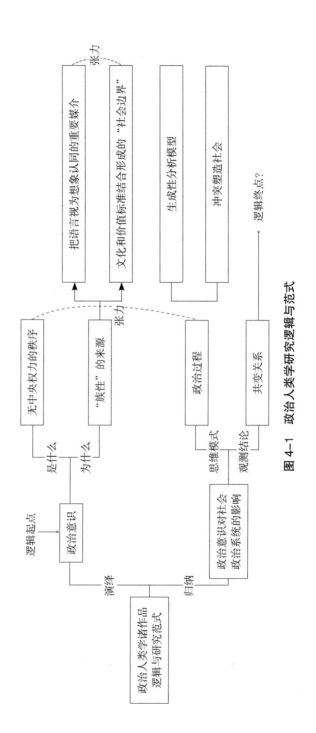

图 4-1　政治人类学研究逻辑与范式

三、思想紧张

笔者做的上述工作看似是一种理论的整合，看似是试图化约掉不同作者的不同田野点和理论细节上的差异，笔者需要特别指出上述政治人类学家们间思想的紧张，希望能为我们提供新的研究思路。

（一）田野点的不同导致的差异

巴特对 20 世纪 50 年代的斯瓦特地区（巴基斯坦北部边陲省）及周边诸多政治变革地区进行田野调查，其视域是观察两个对立而分散的政治集团，关注政治活动的"过程"。利奇笔下的"有序的无政府"的努尔人生活在苏丹南部，在非洲东北部。利奇主要考察努尔人社会生活方面的政治制度，在巴特这里肯定就要归为关注"结果"的政治人类学研究。研究的出发点是不一样的，但得到了相近的动态论结论，这个共性本身就值得我们去关注。

（二）思想细节的差异

1. 语言与族群

《想象的共同体》把语言看作是族群想象认同的重要媒介，但是在《缅甸高地诸政治体系》中："此类资料与那些从语言学角度出发把克钦人和掸人分为不同'种族'类别的民族志模式不太相符。"[①]克钦族和掸族从事实上是难以区分的，尽管使用不同的语言；巴斯也认为族群以它的成员认定的范畴为准，形成族群的是"社会边界"，而不是语言、文化、血统等内涵。

笔者认为造成这种思想差异的根本原因是他们对族群的看法有差异，利奇的"钟摆模式"和巴特的"多族群社会体系"，多族群之间的种种文化在交互作用下总是动态变化的；想象的共同体为了分析"民族主义"的发展状况需要依赖于具体的国家形式，故在思想内涵上有寻求静态边界、某种特殊性标志物的逻辑。

另一种解释是思想家们对语言认识的分歧可能跟他们所处的历史阶段有关，在《想象的共同体》一书中，译者吴叡人梳理了三拨民族主义，其中语言成为重要分析要素的时段处在第二拨。

2. 无政府主义

斯科特是以无政府主义为出发点，利奇是他想要构建的政治理论正好落在了一个类似无政府主义的结果上，更早期的埃文斯-普里查德则正好选用了一个无政府但有秩序的社会模式来实践他的新方法论。总之，如果深究，"无政府主义"这个标签有以偏概全的嫌疑，因为研究者的目的并不相同。

---

① 本尼迪克特·安德森：想象的共同体——民族主义的起源与散布，上海人民出版社，第 16 页。

科技人类学

——基因科学在人类田野

涂尔干曾说，人们拜神本质上是拜图腾、拜社会，我们这些所谓现代的人，信科学，实际上信的是自己脑海中的一种理念型，没有人可以掌握全部的真相和自然的奥秘，哪怕是科学家。亚当·卢瑟福[①]在《我们人类的基因：全人类的历史与未来》一书中说："这就是科学，科学家所做的事情就是弄清楚他们了解什么、不了解什么，然后慢慢把这些未解之谜从我们不了解的事情变成了解的事情。……没有哪种技术是专门为了解释人类而生的，探索是无止境的。……如果我们了

[①] 亚当·卢瑟福：英国遗传学家、科普作家，伦敦大学学院遗传学博士，BBC科学节目主持人。曾在权威杂志《自然》工作十余年，并长期为《卫报》等媒体撰稿。卢瑟福致力于科学普及，参与制作并主持了《细胞》《基因密码》《末日之战》等电影。代表作有《万物灵长》《我们人类的基因》。

解一切，我们就会停下脚步了。……我们在不断探索未知的边缘，这是一个永远没有尽头的智力拼图游戏，而科学则是这个游戏的工具之一。"科学家不是"上帝"的代言人，他们也没有先赋的知识，其成果也不一定是真理。

或许因为大众对科学的认识是模糊的，对于事物黑白的一面，大家都能看清楚，但是灰色的部分需要想象力来填满。因此，神秘主义得以容身。大众并不真正参与科学理论或实践的建构过程，他们只是拿来用或是听来讲。这中间生产方和消费方的"错位"，营造出一面"无知之幕"。这里"无知之幕"的含义和约翰·罗尔斯《正义论》有所不同，笔者使用其字面意思：幕布后面是科学家的知识建构，幕布前方是社会的公众话语。公众无法透过幕布看到科学家们进行了什么样的实验、辩论，不知道"科学知识"产生的过程。因为现实中不可能邀请所有公众进实验室观摩最尖端科技的研发过程，不可能要求公众拥有足够的科学素养和知识积累来看懂实验的过程，那么公众就永远不可能和亲自发明探索科技的那群人拥有对科技同样的看法。而且比起学习遗传路径中的复杂性、探究人类在个体特征和疾病方面的差异、探究在遗传和历史中的差异、了解表观遗传与环境的相互作用，公众更关心那些引发自己疾病和导致某些特征的危险基因，更愿意花几百甚至上千元获取自己基因组的原始信息。

也正因为"无知之幕"的存在，公众很容易受社会的影响，具体表现为受到媒体和意见领袖的影响。新闻需要抓人眼球，但科学只需要一步一步走，看清楚我们认识了什么，还有哪些未知。媒体的报道习惯于使用"惊天""轰动"一类的词语，容易让大众以为，科学事业是轰轰烈烈的，似乎每一次科研都会导向惊天地泣鬼神的成果。而实际上科学家没有什么"顿悟时刻"，以基因组解码为例，科学家们要在充足的基因库数据的基础上，用"鸟枪法测序"把多份比较长的DNA炸碎，再通过这些随机的碎片慢慢拼凑成相对完整的基因序列，也几乎没有真正意义上的革命性发现——拼出来的基因可能只是"垃圾DNA"[①]。人类基因组计划的第一大启示在于：我们没有那么多基因。第二大启示在于：基因组中的绝大部分区域都不是基因。外显子组，也就是基因组中编码蛋白质，负责生命运行的DNA，只在所有DNA中占据不到2%的比例。也就是说，大众以为一个基因对应一个特征，这是错的；大众以为改变基因等于改变命运，实际上改变基因也只能改变概率。"人类基因组计划完成后的这些年里，医学确实发生了革命性的变化。我们比历史上任何时候都更多地了解疾病的病因。……然而，通过对基因组的了解，我们根除了多少疾病呢？答案是零，基因疗法让人类可以彻底治疗哪些疾病呢？答案是无。"[②]

科学以它战无不胜的姿态扫荡了神学和形而上学，人们更像是迎接一个新神登基，神秘主义披上科学的外衣以"物理""基因""量

---

① "垃圾DNA"由遗传学家大野乾于1972年提出，用来描述基因组中不能编码蛋白质的DNA序列。

② 亚当·卢瑟福：我们人类的基因：全人类的历史与未来，中信出版社，第247页。

子""分子"等新的形态出现。人们一旦在接受之后被纠错，很可能会出现"认知失调"现象，比如认为自己无法做到量子速读，是因为自己还没练到位。同理，当公众习惯于接触成功的实验、正确的真理性的科学，一旦听"权威"人士或媒体说某个科学遇到瓶颈，很容易陷入全盘否定的态度（比如从遗传决定论走向遗传拒绝论）。但事实是每种技术都有它自身的优点和缺点。所有的科学研究都是在某些方面有缺陷，只是报道出来的往往只有一面。当某个领域的科学取得一些进展时，新闻媒体会把它描述为可以解释和解决所有未知问题的"万能钥匙"。

科学的形态是什么样的？套用科学社会学家托马斯·库恩所创造的那个词——"范式转移"："……科学革命在这里是指科学发展中的非积累性事件，其中旧范式全部或部分地为一个与其完全不能并立的崭新范式所取代"[①]，科学的探索似冰川般缓慢移动。2001年，人类基因组计划的第一轮出结果之后，一些记者说，"遗传学是一个由灾难所控制的领域"。也有人宣称该计划就是在浪费钱，因为科学家们发现的结果是他们没有预料到的。2011年，全基因组关联分析研究时，英国《卫报》这样报道："在针对所有的常见疾病，如心脏病、癌症和精神疾病的遗传学研究结果中，只有少数对于人体健康具有真正的重要意义。缺陷基因很少导致或只是致使我们轻度地感染一些疾病，这样的结

---

① 托马斯·库恩：科学革命的结构，北京大学出版社，第85页。

论导致人类遗传学这个领域正处于严重的危机之中。"

然而科学就是一个不断证伪的过程，全基因组关联分析这些年来最大的贡献，可能就是证明了我们的假设又一次错了。这些研究发现了目前遗传学领域最大的谜题，而在此之前没有人知道它的存在。因此演化生物学家亚当·卢瑟福说："并没有什么危机，只有科学。"[1] 不必悲观，不必乐观。我们在做一个拼图游戏，不论结果是什么样子，我们都会一直拼下去。

"知识"有一张普罗透斯的脸，不同社会角色的人只能通过他们看到的"真相"理解这个世界。比如，上文所述的"人类基因组计划"分明存在于人类所建构的知识和话语体系中，但同为人类，普通大众和科学家眼中的人类基因组计划大有不同。同时，社会也可以"创造"知识，比如"量子波动速读法"，我认为，科学是科技与社会的共同产物。通过理解某个地方的人是怎么认识科技的，可以理解这个地方的人的思维方式，以及这种社会中的伦理逻辑。

---

① 亚当·卢瑟福：我们人类的基因：全人类的历史与未来，中信出版社，第266 页。

历史学经验材料与社会学建构论思维：
儒学的自我转化
——进化观探究 [①]

19 世纪末 20 世纪初传入中国的进化论被诸多学者视为中国近代思想的重要指针，甚至思想主导。本文通过分析中国近代重要思想家的文本来探究进化观和中国传统思想的交互关系，并且证明他们笔下的进化并不是思想的核心。随着研究的深入，"进化"背后的思想—制度关系被纳入讨论，近代儒学的自我转化之路也逐渐呈现。

一、进化论传入中国

近代传入中国的西方进化学说，不仅有达尔文的生物进化论，还有

---

① 中国社会科学院大学陈涛教授为本文予以指导。

斯宾塞的社会达尔文主义、赫胥黎的社会伦理进化学说、柏格森的创造进化论等。[1]

　　既往研究者普遍认为，进化论占据了中国近代社会思想的主导地位。"进化论是中国近代一切先进人物共有的世界观和思想武器，是中国近代思想史的主流。"[2] "中国近代维新思想家以 19 世纪末传入中国的西方进化论作为思想武器，变革中国现实社会，探索救国救民的道路。"[3] 传入中国的进化论思想，"成为当时中国人寻求救亡图存道路的思想指针"[4]，"进化学说为近代中国提供了摆脱困境的方法和目标，知识分子在阐释进化学说的过程中质疑了古代权威，也重新认识了传统的意义"[5]。……中国持有进化论的想法的人认为人类发展有普遍性而且一定是向着好的方向发展，认为中国在这个进程中处在落后地位，仍然是宗法社会。进化论可以相对化过去的某些价值，它可以给我们的一些思想一个位置，但是难以脱开历史阶段的局限。

　　中国近代的思想家们并没有主动地把中国的思想安插在某个历史阶段中，"进化"不是思想家们论述的核心，甚至成为被反驳的目标。

――――――――――――

[1]　黄开国：康有为戊戌变法以后的大同三世说，《江苏师范大学学报（哲学社会科学版）》2016 年第 1 期。

[2]　赵璐：近代中国的进化论与社会历史观研究，西北大学 2002 年论文。

[3]　陈艳霞：康有为社会进化思想研究，西北大学 2012 年论文。

[4]　武军：20 世纪初社会达尔文主义与梁启超的进化史观，《学术研究》2001 年第 12 期。

[5]　孙德鹏：进化之道与法律危机——论达尔文主义的中国语境及其困境，《政法论坛》2021 年第 3 期。

二、中国思想家所述的"进化"

康有为、梁启超，甚至陈独秀，这些明末清初的思想家，虽然他们的文本中都出现了"进化"两个字，但是和西方的那种进化观有所区别。

（一）康有为

康有为在论证"去国"主题时，有进化主义之嫌疑：

> 盖亦至秦汉时，罗马乃混一全欧，其分合之大势，并一之年限，皆与中国同，此可为进化之定理矣。印度、波斯之先，亦莫不皆然。①

康有为看似是基于"天下分久必合合久必分"的"进化之定理"做推理，但实际上是以打破这种"定理"的姿态，来推崇大同之世，以"天下合"作为终点：

> 故今百年之中，诸弱小国必尽夷灭，诸君主专制体制必尽扫除，共和立宪必将尽行，民党平权必将大炽，文明之国民皆智，劣下之民种渐微。自尔之后，大势所趋，人心所向，其必赴于全

---

① 康有为：康有为全集第七集，中国人民大学出版社，第120页。

地大同、天下太平者，如水之赴壑，莫可抑者矣。[①]

而真正西方式的进化观是没有设定终点的，人类社会只会通过一直重复这个进化定理，不断向好。

此外，康有为认为源于人的自私的竞争，是造成人类社会动乱、罪恶的重要原因。达尔文生物进化论认为"物竞天择、适者生存"是正常现象且贯穿于人类发展的始终，康有为则认为这是落后的体现。康有为指出，在人类社会发展的据乱世阶段，竞争有存在的一定理由，但到了升平世，竞争的学说就完全不适用了，进入大同世，竞争则是人类社会发展的最大阻碍：

> 人之性也，莫不自私。夫惟有私，故事竞争，此自无始已来受种已然。原人之始，所以战胜于禽兽而独保人类，据有全地，实赖其有自私竞争致胜之功也。其始有身，只知有身而自私其身，于是争他身之所有以相杀；其后有家，则只私其家，于是争他家之所有以相杀；有姓族部落，则只私其姓族部落，于是争他姓族部落之所有以相杀；有国则只私其国，于是争他国之所有以相杀；有种则只私其种，于是争他种之所有以相杀；以强凌弱，以勇欺怯，以诈欺愚，以众暴寡。[②]

---

① 康有为：康有为全集第七集，中国人民大学出版社，第132页。
② 康有为：康有为全集第七集，中国人民大学出版社，第187页。

（二）梁启超

《论君政民政相嬗之理》作为康有为《大同书》的承接，梁启超的论述核心是三世之义和现代国家治理技术的结合，这在文章的首段就给出了：

> 《春秋》张三世之义也。治天下者有三世：一曰多君为政之世，二曰一君为政之世，三曰民为政之世。多君世之别又有二：一曰酋长之世，二曰封建及世卿之世。一君世之别又有二：一曰君主之世，二曰君民共主之世。民政世之别亦有二：一曰有总统之世，二曰无总统之世。多君者，据乱世之政也；一君者，升平世之政也；民者，太平世之政也。
>
> 此三世六别者，与地球始有人类以来之年限有相关之理，未及其世，不能躐之；既其世，不能阏之。[①]

上述为梁启超进化论色彩的体现，即到了人类进化到特定阶段就会有特定的组织形式。他得到该结论是因为他学习了西方的历史，而不是拿来西方进化论的思维：

> 启超曰：吾既未克读西籍，事事仰给于舌人，则于西史所

---

① 梁启超：饮冰室合集第一册，中华书局，第 7 页。

窥知其浅也。……至疑西方有胚胎，而东方无起点，斯殆不然
也。……盖地球之运，将入太平，固非泰西之所得专，亦非震旦
之所得避，吾知不及百年，将举五洲而悉惟民之从，而吾中国，
亦未必能独立而不变，此亦事理之无如何者也。①

以史为鉴，梁启超认为大同世是地球之运，不是西方的专利，也
不是中国能够避开的命运。梁启超把孔子说的大一统划成走向大同的
环节之一：

孔子作《春秋》，将以救民也，故立为大一统、讥世卿二义，
此二者，所以变多君而为一君也。变多君而为一君，谓之小康。②

此外，他认为世界整体而言仍然是多君之世，为各自利益相争的
乱世：

问今日之美国、法国，可为太平矣乎？曰恶，恶可！今日之
天下，自美、法等国言之，则可谓为民政之世；自中、俄、英、
日等国言之，则可谓为一君之世；然合全局以言之，则仍为多君
之世而已。各私其国，各私其种，各私其土，各私其物，各私其

---

① 梁启超：饮冰室合集第一册，中华书局，第 11 页。
② 同上，第 8 页。

工，各私其商，各私其财，度支之额，半充养兵，举国之民，悉隶行伍，眈眈相视，龂龂相仇，龙蛇起陆，杀机方长，螳雀互寻，冤亲谁问？呜呼，五洲万国，直一大酋长之世界焉耳！《春秋》曰："末不亦乐乎，尧舜之知君子也。"《易》曰："见群龙无首吉。"其殆为千百年以后之天下言之哉？[①]

梁启超评价西方"民政"是另一种形式的"多君"，并且引用儒家经典以解读。这里可以看出来梁启超还是以中国本土的思想为主，以"三世说"为框架的。虽然这个把西方的制度纳入中国的文化框架的尝试，被人批评为："康梁对西学并不真正理解和精通"[②]，但其目的昭然若揭。

（三）陈独秀

陈独秀在论述实行民主政治的必要性，呼吁政治觉悟时，也提到了进化这个词，但并不涉及人种和文明更迭的问题，接受的是进化论诸多流派中达尔文生物进化论"适者生存"的概念：

进化公例，适者生存。凡不能应四周情况之需求而自处于适

---

① 梁启超：饮冰室合集第一册，中华书局，第 11 页。
② 茅海建：戊戌时期康有为、梁启超的思想，生活·读书·新知三联书店，第397 页。

宜之境者，当然不免于灭亡。①

吾人最后之觉悟：人类进化恒有轨辙可寻，故予于今兹之战役，固不容怀悲观而取卑劣之小计态度，复不敢怀乐观而谓可踌躇满志也。②

（四）梁漱溟

梁漱溟也有具有进化论色彩的表述，在《中国文化要义》中他指出，以道德代替社会特殊意识形态是人类文化的早熟。人类文明的发展图景在他看来应当是渐进式，而中国的早期文明与同时期的其他文明相比实现了文化层面更难的事情：

盖人类虽为理性的动物，而理性之在人，却必渐次以开发。在个体生命上，要随着年龄及身体发育成长而后显。在社会生命上，则须待社会经济文化之进步为其基础，乃得透达而开展。不料古代中国竟要提早一步，而实现此至难之事，我说中国文化是人类文化的早熟，正指此。③

但这不代表他接受了西方的进化观，他持有的反而是一种历史比

---

① 陈独秀：陈独秀著作选编第 1 卷，上海人民出版社，第 202 页。
② 同上，第 203 页。
③ 梁漱溟：中国文化要义，上海人民出版社，第 126 页。

较的眼光和辩证的视角。梁漱溟论证，中国和其他文明一样，都以社会特殊意识形态为发端，但远在两千多年前就踏上了"周孔教化"这条非社会特殊意识形态之路。因此，结合该书另一个重要概念（第五章）：中国是伦理本位的社会，西方近代社会是个人本位的社会。本质是家族生活和集团生活，何者更被倚重。梁漱溟认为：

> 松于此者，紧于彼；此处显，则彼处隐。所以是一事而非两事。……团体与个人这两面是相待而立的，犹乎左之与右。左以右见，右以左见。①

梁漱溟的思维是辩证法式的，把中西方社会文化的差异视为"一事之两面"，进行横向对比，而非纵向历史脉络的搭建。梁漱溟在后面一段对持有进化论思想的中国人说得更加直接：

> 这种不同实是中西文化路径不同。论者从有见于近代产业兴起，家庭生活失其重要，不复巩固如前，同时个人之独立自由，亦特著于近代思潮以后，其间互有因果关联，从而蔚成西洋近代国家；便设想个人隐没于家庭，家庭生活呆重如中国者，当必为文化未进之征，而类同于西洋之中古。于是就臆断其为社会演进

---

① 梁漱溟：中国文化要义，上海人民出版社，第93页。

前后阶段之不同。他不从双方历史背景仔细比较以理解现在，而遽凭所见于后者以推论其前，焉得正确！[1]

梁漱溟的论述从社会文化的发端开始，分析现在的不同。他批评那些进化论者是从今推昔的逻辑，错误的史观无法推出正确的结论。

就既有现实而言，中国的文化不仅不落后，甚至具有文化层面的先进性。梁漱溟的论断，同前文所述的梁启超、康有为和陈独秀都大相径庭。他们虽然都借助了"进化"这个说法，但是前者在道德文化领域得到的定位，同后者在社会思想和政治思想的定位相反，笔者认为这个现象涉及"进化"背后的一对互动关系中何者占据"主动权"的问题。

三、"进化"论调的根源在于社会思想和社会制度之间的互动关系

从根本上看，陈独秀和康有为思想的对立之处——制度和思想何者具有主导社会发展的主动权，即一方主动进化，另一方有跟随适应之责任。

陈独秀认为思想要主动适应制度，不能适应制度的思想必然要通过革命淘汰。陈独秀认为更根本性的变革是伦理风俗道德，他断言："伦

---

① 梁漱溟：中国文化要义，上海人民出版社，第 94 页。

理的觉悟，为吾人最后觉悟之最后觉悟"①；"世法道德必随社会之变迁而兴废"②。

康有为在《孔子改制考》中论证"孔子创教改制"形成"孔教论"③，给制度做好文化合法性的铺垫，这就代表康有为认为国人的首要觉悟就应该是思想层面的。

明确持"制度要适应现有的思想"的代表人物是钱穆，在《中国历代政治得失》一书中提出，"政治是中国文化体系中的一要目"。钱穆在指出研究中国传统文化应该重视中国传统政治的基础上，旧传统、旧文化符合当时的"人事"（"人事"的概念类似于"人伦日用"④），政治制度必须和人事相配合。建立了制度之后，人事并不会自动地随制度而改变，而且摧残人事以配合制度在钱穆看来是不可取的：

> 制度必须与人事相配合。辛亥革命前后，人人言变法，太重视了制度，好像只要建立制度，一切人事自会随制度转变。
>
> 首先，要讲一代的制度，必先精熟一代的人事。若离开人事单来看制度，则制度只是一条条的条文，似乎枯燥乏味，无可讲。而且已经明日黄花，也不必讲。

---

① 陈独秀：陈独秀著作选编第 1 卷，上海人民出版社，第 204 页。
② 同上，第 265 页。
③ 吴飞：论康有为对人伦的否定，《中国哲学史》2019 年第 1 期。
④ 陈独秀：陈独秀著作选编第 1 卷，上海人民出版社，第 226 页、第 265 页。

钱穆认为，"制度的创立必有渊源，制度的消失必有流变"①。照此观点，不本于家内的孝就无法实现公天下，所以康有为"去家"仍存仁的观点是乌托邦式的。

论述至此，如果将钱穆关于制度和人事之间关系的思路，套入康有为所谓"托古改制"之实践，逻辑上似乎很通顺，但还是落入了进化论的怪圈，即中国的现代必然要走上西方走过之路，中国传统思想要随着近代西方式的"人事"变动而发生变动。康有为真的是为了给西方现代制度引入中国以"人事"层面的合法性吗？根据第二部分对文本的分析，可以得出结论：虽然康有为、梁启超看似是这么做的，但实际上帮助"完善"的是梁漱溟关于中国文化"早熟"的论证。即中国文化是人类文化的早熟，西方到近代才开始政教分离，而中国社会的发展思想指导早就通过儒家完成理性化，并仍然对近代中国的政治制度改革具有纲领性意义，更重要的是指出了未来社会的发展方向。接下来，不妨沿着探究进化观继续深论，勾勒出现代儒学完成自我转化的面貌。

---

① 钱穆：中国历代政治得失，九州出版社，第1—7页。

四、现代儒学的自我转化

（一）以我为主

以康有为为代表的思想家们，从儒家思想的根源出发，走上"以我为主"的路线，其中最典型的体现是康有为对"仁"的概念发展。

康有为把"仁"置于某种光电甚至宇宙秩序中[①]，赋予它更广阔的胸襟。

（二）以西方学者视角为镜

马克斯·韦伯看来发端于家庭的孝，不仅是儒家"君子"的全部，而且构成了私人关系和社会团体的模板[②]。而顺上文的思路，康有为指出"仁"本来就是不局限于家庭内部的，因此提出了去家，进一步提出去国的思想。

反过来看，韦伯和康有为对"仁"的不同理解，恰恰证明两个人的思想走了不同的道路。而且没有陷于西方进化观的康有为，反而看到的是更全面儒家，也给儒家思想带来生命力。

此外，从进化观下的文明史发展来看，韦伯站在救赎视角认为，中国人的弥赛亚期望是放在皇帝身上，而不是彼岸的身上。而儒家不

---

① 康有为：康有为全集第七集，中国人民大学出版社，第 53 页。
② 马克斯·韦伯：中国的宗教：宗教与世界，广西师范大学出版社，第 226—230 页。

过是"现世理性主义",没有出现超俗世的伦理神就代表中国处在文明进化序列的落后一端。[①] 梁漱溟却说,中国的儒家思想才真正达到人的自律和理性。韦伯在《儒教与道教》中,"儒教的本质是适应现世的理性主义"的论断和梁漱溟《中国文化要义》中以道德代替社会特殊意识形态这种对儒家理性特点的认识,分明构成了两套框架。其中,韦伯是进化论式的,梁漱溟是中国文化早熟论的。孰优孰劣,还要交由历史来评判。

五、结论

中国近代主流社会思想中的此"进化",非彼"进化"。康有为、梁启超的文本论证的核心是"三世说",不是进化论;康有为撰《孔子改制考》时,把孔子过去的思想加入现代国家制度治理的讨论领域,而不让过去的思想被物竞天择所淘汰,或永远沉浸在历史的禁锢之中;康有为甚至对达尔文生物进化论也非完全接受,"物竞天择、适者生存"的进化论价值观和他"全地大同、天下太平"的理想格格不入;梁漱溟虽然是论证中国文化的特殊性和先进性,却也没有落入西方进化论对特殊性文化的"时空局限性"逻辑中;陈独秀则意在制度,论述体用相适应的道理,不涉及中国本土思想在某种具有普适性的文化历史长河中的定位问题。

---

① 马克斯·韦伯:中国的宗教:宗教与世界,广西师范大学出版社,第311—318页。

因此，中国近代的思想学者对西方的进化论存在认知，也在文本中提及"进化"的概念，但经过分析可以得知："进化"作为某种客观历史现象，是中国近代思想家们辅助论证的抓手，不是论证的核心或主题，更谈不上指导儒家完成自我转化或指引人类社会走向更好的未来。

最后，应当把握儒家学说与当时特定历史和社会制度之间的关联，看待儒家自身的发展，理解它自身的可能性。进化论对传统价值的相对化处理，最典型的表现是康有为的"三世说"，三世中的每一世都可以再分为三世。所以，进化是有方向的，受某个规律或法则支配的，朝向越来越好的境界，但可以是无止境的。这里就是它与传统史观不同的地方，"三世说"把一个有待实现的终点置于未来，并且相信整个历史进程受到某些法则或规律的主宰。杨国强在《衰世与西法》中写道，"近代中国的两个观念及其贯通百年的历史因果"，把"当下"作为切入点能特别恰当地解释这种矛盾感。[1]"富强"是当时中国人当下的现实需求，"进化"虽然是舶来品但是某种程度上也是中国人主动选择的一种精神需求。"进化"同传统的"三代"思想相比都是一种不能满足于"当下"的思想观念，而"三代"以"过去"来批判当下，进化以"将来"批判当下，由此形成前所未有的对立。

---

① 杨国强：衰世与西法：晚清中国的旧邦新命和社会脱榫，广西师范大学出版社，第 721—748 页。

全球发展的文化内涵
——共同使命的理论与现实

一、导言

加大经济技术投入、减贫、搭建知识交流平台，保基本治理能力促创新发展，需要世界各国相协调，合作共赢，这是"全球发展"的重要意义，但笔者认为使"全球发展"成为共同使命应当有更为丰富的渠道。因为"共同"二字背后有深刻的社会网络意义，"人类命运的共同体"用社会学的话语就代表在世界的范畴内进行社会整合。目前为止，维系不同国家民族的纽带主要是政治关系、经济关系，但长远来看，必然需要处理好文化关系。而在关乎文化这种明显的社会事实之时，主体是谁往往十分重要，这在哲学意义上是叙事问题，在管理学角度是发挥关系治理作用的问题。

二、世界的面貌何以可能

（一）世界格局与全球化

　　"二战"后世界格局变化，国际组织兴起，世界"新秩序"形成。一个秩序形成之后，哪怕其初衷有多么"开放"，最终都会形成维持自身稳定的排他的力。故"一带一路"倡议，"人类命运共同体"的宏愿，很容易受到西方一些国家质疑。而"零和博弈"的本质，可以视为主体之间出于不信任其他主体从而进入博弈的状况，学者认为出现信任危机需要公共理性来调节，诉诸哈贝马斯所说的交往行为理性，发展"商谈政治"。[①]

　　随着全球化的推进，出现越来越多的跨国组织，出现超越民族国家特征的交往关系。面对这种现状，国际社会可以成为社会学的研究对象，尤其是在文化交流与整合方面，可能还有另一条发展路径，而且这条路径在千年前就有人在走，其文化尤其是社会特殊意识形态交流的作用，在长期以来是受到忽视的。在"国家利益"的思维路径下，解决不了的问题，或许可以通过文化整合的思维有所创新。

---

　　① 张会龙，董俊苗：危机与整合：哈贝马斯民族国家批判理论评析，《云南大学学报（社会科学版）》2022 年第 4 期。

（二）具有"民族性"的天下观

诸如"人类命运共同体"的说法实际上类似于古人说的"天下大同"，笔者认为这种意识形态是具有民族性的。

"三世"源于公羊学说，经由董仲舒、何休、刘逢禄、龚自珍等人演绎，它并没有先进与落后的次序概念，也不存在"天下合一"的世界观，更多的是春秋笔法："所见异辞，所闻异辞，所传闻异辞。"（《春秋公羊传·哀公十四年》）直到晚清时期遇上了变法的实践才出现一种新的解读，康有为把"三世"和《礼记·礼运》的"小康"和"大同"概念融合在一起。

康有为认为源于人的自私的竞争，是造成人类社会动乱、罪恶的重要原因："人之性也，莫不自私。夫惟有私，故事竞争，此自无始已来受种已然。"[①]康有为指出，在人类社会发展的据乱世阶段，竞争有存在的一定理由，但到了升平世，竞争的学说就完全不适用了，进入大同世，竞争则是人类社会发展的最大阻碍。梁启超的《论君政民政相嬗之理》作为康有为《大同书》的承接，其论述核心是"三世"之义和现代国家治理技术的结合，"《春秋》张三世之义也。治天下者有三世"[②]，梁启超认为大同世是地球之运，不是西方的专利，也不是中国能够避开的命运；进入太平世一定要经过一君的阶段，所以孔子不仅不

---

① 康有为：康有为全集第七集，中国人民大学出版社，第187页。
② 陈书良：梁启超文集，北京燕山出版社，第34页。

是太平世的阻碍者，更有立"三世"的本意和深意。于是梁启超把孔子说的大一统直接划成走向大同的环节之一："孔子作《春秋》，将以救民也，故立为大一统、讥世卿二义，此二者，所以变多君而为一君也。变多君而为一君，谓之小康。"①

三、社会科学中的"世界社会"转向

（一）新方向与大视野

以社会学为例，聚焦于社区进行深入的经验研究，比如非常经典的美国社会分层研究——罗伯特·S.林德与海伦·梅里尔·林德夫妇于1929年出版的《米德尔敦：当代美国文化研究》，他们通过深入的实证调查对美国印第安纳州的曼西小城进行了社区按文化的职业活动分类，并在六类活动的基础上归纳出两大类阶级的社会分层模式，后续的美国功能主义学者继承了他们的研究思路，成为现代社会学理论的重要思想来源。而这部研究的中译本有一个副标题叫"当代美国文化研究"②。可见，社会学的社区研究很少涉及跨文化命题，而是对同一个共同体内部的文化进行社会层面的剖析。而在理论研究的角度，早在上世纪末期就有学者试图开辟一个具有社会学色彩的世界性研究领域，

----

① 陈书良：梁启超文集，北京燕山出版社，第 35 页。
② 罗伯特·S.林德，海伦·梅里尔·林德：米德尔敦：当代美国文化研究，商务印书馆，第 10—14、第 532—536 页。

它发源于文化社会学的综合性研究，又类似于批判民族志的理论视角。1974 年，马克思主义的重要代表人物沃勒斯坦提出"世界体系论"之后，20 世纪七八十年代就有学者研究"社会全球化"的命题。[①] 2000 年，英国研究移民文化的杰出学者罗宾·科恩和美国耶鲁大学历史学教授保罗·肯尼迪出版了《全球社会学》，于 2001 年由社会科学文献出版社引入中国。这部著作呈现出模块化的论题讨论研究，在全球范围内讨论劳工、跨国公司等组织群体，关注多元文化、经济贸易、民族国家特征、社会不平等、犯罪、认同、绿色发展等多领域的问题。但它不是按照区域做研究，而是把全球社会做了一个切割，分成 21 世纪社会科学界之中最具有前瞻性和发展空间的几个命题，被认为是全球社会多个侧面的学理研究。[②]

值得关注的是，近些年中文学界在文化人类学方向兴起了"海外民族志"的研究取向。[③] 一向以整体主义见长的人类学试图将研究对象从微观社区转向中观的"区域国别研究"，比如"南亚""东方"，甚至"一带一路"倡议的相关地区范围都可以算作中观的区域国别的研究对象，最宏观的范畴则是世界的范畴，换言之是"人类命运共同体"的

---

① 蔡骃：一个区别于全球社会学的国际社会研究范式——国际社会学及其理论述评，《国外社会科学》2006 年第 5 期。

② 罗宾·科恩，保罗·肯尼迪：全球社会学，社会科学文献出版社，第 145—528 页。

③ 高丙中：凝视世界的意志与学术行动——海外民族志对于中国社会科学的意义，《广西民族大学学报（哲学社会科学版）》2009 年第 5 期。

范畴。在这个语境下，"世界社会"有了理论发展的空间。[①] 它有两个特征，即多主体性与自主性，尤其是后者，主要体现在国家治理与民俗的某种"协商"之中。[②]

可见"区域"概念作为一种名实相副的历史主体，是社会建构的生成之物，也是知识构成的共同体意识。宗族、同姓、同族、同一国家等概念，都是人们基于共同的物理界限以及实际的社会交往互动空间建构起来的社会文化事物，村落、国家都是地方社会的标志，当走出这个共同体没有可预见的可能性与意义时，跨国流动就很少发生，只有少数类似于马林诺夫斯基这种人类学家或是在"地理大发现"时代受王室委托的探险队会对"异文化"地区进行访问，而世界上大多数人还陷于社会文化对自身的设定之中，按照"本文化"的要求，衣食住行、婚丧嫁娶，过完一生。

（二）跨国流动与共同体边界

对于跨国流动成为广泛现象的问题，在历史上可以把"丝绸之路"作为"理想典型"[③] 的一种现实映射。正如英国社会学家齐格蒙特·鲍曼在《流动的现代性》中对现代人描绘的身份的流动性，本质上是各

---

① See World Society: The Writings of [J].hn W.Meyer, Oxford University Press, 2009.

② 高丙中：世界社会的民俗协商：民俗学理论与方法的新生命，《民俗研究》2020 年第 3 期。

③ 张旺山：韦伯方法论文集，联经出版公司，第 217 页。

种共同体因流动而赋予同一个人身上，[1] 具体体现用社会特殊意识形态信仰和民族这种不同内涵的共同体概念来表征某一大共同体内部的一种群体，如果信仰文化被本土化之后，还会出现两种共同体的融合现象。

从上述超国家范畴、跨共同体边界的群体中可以看到共同的人类命运愿景，坚持推"一带一路"倡议实际上就是从愿景到经济机构的推动，其背后需要认同意识才能把一个客观存在的地理范畴和地缘概念变成共同体的区域，这个过程无疑要靠知识生产者的推动。农业生产、工商服务业、教派职务，各种各样的共同体在世界性的交流互动中变得更有效，可从人类文化、世界社会入手。

四、历史现实中的文化细节

（一）古代丝绸之路与全球化

全球化作为一个学术概念是晚近的，正如上文所述，对古人而言，"世界"的概念还局限在当地，贸易交流以及人与人之间的交往往往在小范围内进行。早在两千年前，全球化就以社会事实的样貌出现了，"在当时，几千英里之外发生的变化会直接刺激到当地的奢侈品需求，以及人们购买奢侈品的能力"[2]，而金属货币在当时并未在中国普及，也不利

---

① 齐格蒙特·鲍曼：流动的现代性，中国人民大学出版社，第 324—328 页。
② 彼得·弗兰科潘：丝绸之路：一部全新的世界史，浙江大学出版社，第 11 页。

于军饷的支付，所以成匹的丝绸既是奢侈品又是货币。古代社会经由中国手工制造的丝绸、西非的黄金、印度的香料、法国南部出产的陶器，还有中亚畜养的马匹等，在流转中形成了一条生机勃勃的横跨亚洲的沟通之路，形成了一个西太平洋、印度洋、波斯湾和红海之间相互联系的世界图景。这是古"丝绸之路"，它不只是一条商路，还是东西方认识彼此的"世界社会"。

古"丝绸之路"时代为全球化带来了机遇，也带来了问题。1 世纪后半叶的老普林尼关注到丝织品成本与价格之间的巨大利润空间使罗马帝国年造币总数的一半都流进了东方贸易市场中，[1] 这些罗马商人或许是早期"贸易保护主义"的代表。此外，东方人的价值观以及富庶程度，与罗马人崇尚的军事化理念之间存在张力。随着罗马的经济和军事的扩张，丝绸的供应量在地中海地区大大增加，保守派认为当地富有神秘感和想象的两性婚姻关系的根基受到了动摇。

（二）社会特殊意识形态的跨洋传播

公元前 600 年，基督教在地中海沿岸传播，佛教也在东方飞速扩散，犹太教、琐罗亚斯德教同样呈现出扩散的态势，而诸如摩尼教这种神奇先知发明的教义则受到追查，波斯帝国的扩张必然伴随着一个强大的价值信仰体系，一旦社会特殊意识形态与政治纠缠，它就不再

---

[1] 彼得·弗兰科潘：丝绸之路：一部全新的世界史，浙江大学出版社，第 16 页。

是一种纯粹追求解脱的精神活动和哲学思想，在功能论的角度就成为国家统治的工具。但社会特殊意识形态不总是按照政治人物的意愿划定自身的"领地"，能够向人们显示灵验的信仰成为朴素且唯一的标准。基督教到 3 世纪初已经遍布波斯湾各地，而波斯帝国的琐罗亚斯德教派不断巩固自身排斥其他异教，包括对基督教的排斥，在新征服的土地上强制建立琐罗亚斯德神庙；皈依基督教的君士坦丁也是在王位争夺的时候，看到了所谓的神迹，异教的仪式和雕像等都被列为非法。所以信仰的竞争也是政治争霸的过程，本质是合法性的争夺。

货币对整个社会时代精神都具有塑造效果——越远距离的事物，人们获得它所得到的价值就越高——"我们文化的日益客观化，其现象包括越来越多的非人格因素，吸收越来越少的个体主观上的整体性……也包括社会结构"[1]，但人们仍然有朴素的文化需求。仍然以社会特殊意识形态为例，我国 2008 年奥运会有社会特殊意识形态服务的对接，他国运动员的吃食、朝拜等都需要有社会特殊意识形态的义工团队进行保障。不妨设想，如果我们不做这样的安排，会影响整个赛事的参与度。

（三）近代地方文化的张力

社会特殊意识形态作为地方文化的重要标志，近代以来随着越来

---

① 乔治·瑞泽尔：古典社会学理论（第 6 版），世界图书出版公司，第 264 页。

越多的文化要素和价值选择的多元化，越来越呈现出信仰与思想的张力。如上文所述，古"丝绸之路"时代是人们能够非常容易接受超自然观念的时代，基督教有传教的驱动力，佛教弘法也有鉴真东渡到日本的记载。笔者到泉州承天寺调研时，在调研佛教和闽南文化影响力时，大愿法师最忧虑的是菲律宾寺庙里很多长老都逝世之后，菲律宾的佛教发展陷入了困难之境，但是他也很清楚地认识到："我们自己人都不够用。"以教育为基础，政治文化和社会特殊意识形态信仰之间的张力在近代和现代的地方社会都还有体现。

总之，随着历史越来越接近现代，地方文化的张力一方面体现在世俗文化与超自然观念之间，也同样出现在一种超自然观念和另一种超自然观念之间。各个地区的具体文化张力，有待学者有意识地识别和探索，笔者认为这是全球发展成为共同使命的必然前提。

五、现代世界的流动性与稳定性

超自然信仰在古代世界发挥着重要作用，在全球发展的新时代仍然存在张力，但终究影响力减弱。在处理好既有的文化张力的基础上，仍需寻找新的文化载体和传播形式。笔者认为由华人华侨这种文化身份带着民俗节日走出去，后者可以作为凝聚共识的文化符号。

（一）移民社会理论

"移民"这个概念本身有狭义与广义两种内涵，前者是以国家作为基本单位，仅讨论发生国籍转变的流动现象，"非法移民"概念就建立在这种视域之上；后者是以社群作为基本单位，但它不一定具有制度化的特征，可以在更小的范畴进行讨论，比如"易地扶贫搬迁"可以作为农村地区社会政策的一种，来探讨其影响，也可以讨论一些潜在的文化或族裔社区视域下的人口流动现象。

移民社会作为一种基本的研究视角，在全球化时代已经生根发芽。例如，地理学将跨境流动作为一种地理空间现象进行研究，人口与资本的分离与汇聚呈现出一定的规律性，人文地理基于人们身体的移动、物质的流动和信息的交流，对相关群体的生活、工作和教育，在社会活动空间的角度建构起具有地方性的空间；[①] 还有学者在公共政策角度，把社会保障、经济、社区和心理的融合作为基本的四个维度，建立起测量社会融合度的指标体系。[②] 世界因移民文化特征越来越具有社区化的特征，但任何一种社区都必须有把自己区别于外界的实质性特征，以"唐人街"为例的移民社区往往存在明显的文化边界。

（二）华侨与民俗节日

2016 年爱国侨领陈祖昌捐建泉州少林寺山门，引发"70 多名菲律

---

① 王敏，江荣灏，林元城：跨境流动背景下族裔社区研究进展及启示，《人文地理》2020 年第 3 期。

② 杨文杰，秦加加：流动人口社会融合度测量指标体系完善研究，《河北大学学报（哲学社会科学版）》2016 年第 3 期。

宾华人华侨组团返乡庆贺"①。对于华侨而言有记忆就有认同，对于当地发展而言，这也成为其宣扬"海上丝绸之路"的历史文化以及"一带一路"倡议下对外传播交流的新标志。在我国东南沿海地区寻找并打造"世界文化遗产"的城市很多，归国人士的故事非常值得一讲。寻根是国家感情，但是没有生活过的很难有这种感情，所以要把一些华侨作为一种缩影，建设纪念堂，建成后，几代人之后还会回来看看。

随着华侨（华人）对国籍所在国（居住国）的经济社会做出越来越大的贡献，中国特色的节日也成为受其所在国重视的传统文化。亚洲的新加坡、菲律宾、马来西亚、泰国、日本和韩国，欧美国家，如美国、加拿大、英国和法国等国都会举办春节特色的活动并发布一些诸如邮票等特定的文化设计品。②

（三）现代化与文化式微

尽管在世界的社区文化中，仍然饱含诸多整合作用的文化要素，但在本民族地区，随着现代化的推进，社会文化反而走向式微。

此外，普度在社区、农村还存在，而城市化之后更少了。一般由宗族代表作为召集人，同宗的人做普度就在祠堂这边，往往是大家族

---

① 孙虹：旅菲侨领陈祖昌捐建家乡泉州少林寺山门落成，《中国新闻网》2016年 11 月 16 日。

② 向云驹：关于推动春节成为国际性节日的思考，《江西社会科学》2011 年第 1 期。

好办一点。城市化在社会治理的层面塑造了越来越多的"社区",例如部分农村搬迁后的安置房社区。社区的社会整合作用对个人的影响越来越大。

总之,随着第三次工业革命后交通、通信等技术的发展与现代国家治理技术和制度的变迁,以人口的迁徙为代表,现代社会的流动性特征在全球显现,但正如人们在种种信仰世界中寻求确定性一样,全球社会的稳定性往往来自某种具身性的传统民俗和家国形象中,它进一步构成了一种相对稳定的交互主体性网络。

而流动性或不稳定性的出现,在于世界还没有处理好价值内涵统一的问题,解决这个问题,从历史经验上看,需要在交往互动和沟通中保留一种对话的空间,且学者的叙述和呈现至关重要。因为在现代社会中,地方文化的张力仍然存在,传统与现代的冲突在流动与稳定之间达到平衡。这带来治理的难题,时代呼唤一种将历史与现实本文化与异文化的二元对立,转化为主客位互动的社会科学研究,承担共同使命的重要推力。

六、结语

全球发展的重头戏在经济的繁荣,但"成为共同使命"是一种文化范畴的整合,使这种价值观念成为普遍共识需要世界的、文化的、历史的、建构的视角的作用。作为学者,可以积极投身于"世界社会"的理论和区域国别的经验研究之中,做出综合性的、主体间性的研究成果，把复杂的社会样貌动态地呈现出来。作为实践者，继续坚持引进来、走出去的策略，尤其需要注重文化的先遣性，传播、交流、互通、共荣。

心理学经典理论与社会学群体议题：
遗传和教化的关系的行为主义视角
——社会心理学元理论问题的探究和启示

既有个人色彩，又有社会色彩的社会心理学理论内部存在着张力，当这种张力位于这门学科的基础位置的时候，社会心理学的一个元理论问题就出现了——能够决定人性的究竟是先天因素还是社会环境？笔者主要从行为论社会心理学的角度展开分析，因为它具有本能论社会心理学和文化社会心理学共同的气质，通过横向的分析比较，对行为论社会心理学"生物底色"和"学习本质"进行思考，可以看出学术界在遗传和教化之间"偏好"的转向，以及行为主义社会心理学对教育理论和观念的影响。

一、学术价值

元理论使学科零散的知识拥有脉络，作为基础理论的一部分，指导着学科发展的理论进程和方法选取。"任何一门学科都必须具有元理论这一重要部分，否则仅只是一种松散的集合体，难以成为一个具有严整逻辑的知识体系。"[①] 元理论的重要性无须多言。在笔者看来，元理论问题的提出和思考实际上超越了具体学科的范畴，甚至是上升到哲学层面。

社会心理学是一门研究人们周围情景影响力的科学，人们如何看待他人如何相互影响又如何相互关联的科学。[②] 社会心理学的两大"母体"学科是社会学和心理学。无论如何，"个体受到社会的影响"，这一点在社会心理学的范畴内，似乎是一件不证自明的前提，但是不可以直接得出，一个人的人性就是由社会决定的结论。这是"相关"和"因果"之间的差别，也是长久以来学术界颇具争议的命题。对于这个元理论问题的不同解答，也相应地形成了不同的视角，直接作用于学者们的理论基点和研究方向。所以，充分地梳理和探讨遗传和教化的关系理论是有意义的。

---

① 沈杰：青年社会学对"社会何以可能"之问的解答——一种基于社会学元理论层面的探究，《青年探索》2018 年第 3 期。

② 戴维·迈尔斯：社会心理学，人民邮电出版社。

二、本文的思路——以决定论为主

当"社会心理由人的遗传决定还是社会的教化决定"这个问题出现的时候，实际上暗含着决定论的底色。而决定论和非决定论的讨论理应是哲学方法论意义上的类"信仰"问题，对此进行区分的是判断者而非这个世界本身的性质，只是研究者视角上的差别。[①] 笔者选择决定论的视角进行理论阐述，即必然性是基础，偶然可以归结于必然的一部分或者干脆忽略不计。

三、理论流派的基本立场

具有生物决定论色彩的本能论社会心理学是"遗传"，属于"先天决定"的一派；而具有社会学习论色彩的以及具有文化决定论色彩的文化社会心理学两者是"教化"，属于"后天决定"的一派。

行为主义属于深受生物进化论影响的西方传统心理学，进化论认为人不过是高等动物中的更高等者，因而行为主义心理学无形中也认为心理学可以研究人，并认为通过研究动物心理，其结果可以适用于人。但有趣的一点是，行为论社会心理学受生物进化论影响，却不接受生物决定论。

生物决定论主要有两个落脚点，即本能和遗传差异。生物进化论

① 严春友：决定论与非决定论之语义分析，《山西大学学报（哲学社会科学版）》2014 年第 1 期。

以及生物学的学术进展，在 19 世纪（尤其是 19 世纪末 20 世纪初）对社会科学界产生了很深的影响。在这一时期，一些社会思想家、心理学家自然而然地将具有生物色彩的理论应用到各自的理论领域。比如，在社会学领域中，由法国哲学家奥古斯特·孔德和英国哲学家赫伯特·斯宾塞提出"功能主义"理论；并且由帕森斯和莫顿进一步延伸为"结构功能主义"。再比如，在 19 世纪末在西欧和北美一度流行的社会达尔文主义；心理学界也出现了本能论心理学（19 世纪末 20 世纪初）和进化心理学（20 世纪 80 年代）。

　　本能论社会心理学也因为其生物决定论的底色，被很多学者诟病为没有心理的心理学，因为如果仅仅从基因中就能找出社会行为的完美解释，那只需要遗传学就够了，人的心理和行为如果只和生物因素相关，那还要心理学做什么。[①] 尽管如此，生物决定论仍然活跃在学界，也受到了社会和政府的支持。20 世纪初期，人种学和优生学盛行。生物决定论即使受到了社会和政府的支持也不应该如此受欢迎，可以说生物决定论范式盛行到有些反常。1976 年，英国演化理论学者理查德·道金斯出版《自私的基因》一书，使人们逐渐意识到，生物决定论在很长的一段时间里似乎成了一种没有选择的选择。[②] 人们尽管厌恶

---

① 叶浩生：有关西方心理学中生物学化思潮的质疑与思考，《心理科学》2006年第 3 期。

② 杨文登，叶浩生：心理学中的生物决定论探析，《自然辩证法通讯》2009 年第 1 期。

它，但是也没有人能提出比它更加可行的理论框架 ①，对人的心理进行更合理化的解释。

四、具体学科语境下的含义解析与特征对比

本能论心理学是从生物学的角度来考察人的行动，认为行动的最初状态是冲动，也称为生物化本能论心理学。值得注意的一点是，本能论社会心理学与行为论社会心理学，在概念的使用上有很多相似性。

1895 年，奥地利精神病医师、心理学家西格蒙德·弗洛伊德在研究歇斯底里症的过程中，第一次使用了"精神分析学"这个概念，标志着精神分析流派的形成，席卷学术界的"本能"概念被弗洛伊德分为生本能和死本能，人一切行为的动机几乎都可以用性本能来解释，在弗洛伊德的理论中看不到环境的影响；威廉·麦独孤沿着达尔文生物进化论的方向，用求食、求新、服从等 14 种本能来解释人类的行为动力；詹姆斯认为，人的行为依靠本能的指引，人除了吃喝等动物本能外，还具有社会本能，如爱、社交、同情、诚实等；奥地利动物学家、比较心理学家康拉德·洛伦茨认为本能是由遗传决定的，行为是本能与学习交互作用的结果。

行为主义可以分为三类：苏联生理学家伊万·巴普洛夫和美国心

---

① 观点来自生物学家罗斯："对生物决定论的反对者的挑战主要来自他们不能提供一个更为有效的可供选择的学术框架。"

理学家约翰·华生的反应性制约取向论、美国心理学家伯尔赫斯·斯金纳的操作性制约取向论（新行为理论）以及美国当代心理学家阿尔伯特·班杜拉的社会学习论（强调联结、强化和模仿三个机制）。行为主义者"专注于行为与行为者的环境之间的互动关系，认为通过对环境和行为互动关系的研究，可以预测和控制个人及社会的行为，达到控制社会的目的"[①]。由于行为主义社会心理学对行为的注重，研究者们采用了实验法和观察个体的定量方法，属于社会行为范式。

五、理论影响

遗传和教化之间的讨论，对社会心理学的研究人的社会化和人格的形成研究也产生了影响，尤其体现在对教育理论和儿童心理学的影响上。

本能论心理学重视本能的作用，认为行动的最初状态是冲动，儿童心理就是以本能活动为核心的天生心理机能不断开展、生长及与周围环境协调的过程。因此，教育者的任务就在于发现本能生长的规律，并按本能生长的不同阶段提供适当的材料，使其得到不断的生长与发展。

行为主义者华生认为，"对待孩子就要像对待成人一样，不要亲吻和拥抱，不要让孩子坐在母亲大腿上，不要轻易地满足，就算孩子哭

---

① 费梅苹：行为主义理论及其研究范式，《华东理工大学学报（社会科学版）》2000 年第 4 期。

泣，也决不能心软，以免他们养成依赖父母的恶习"。华生把情绪量化，衡量着对孩子的给予与获得。华生将他的理论成果应用于自己的三个孩子的教育，让他们患上严重的抑郁症，其中还有一位选择自杀。"分数面前没有亲情"的"唯分数论"；"棍棒底下出孝子"等各种畸形的教育观念，以及同理与古典制约主义，持续高压和缺乏感情的教育理念，也受到了现代心理学的严峻挑战，病态心理学、变态心理学理论和心理疏导治疗实践，通过神经科学对情绪和人格形成的研究表明，当人的情绪被长期忽略时，遇到外界刺激，大脑将不再形成正常的反馈。长此以往，情绪便彼此纠缠、失调，用自责代替愤怒，用冷漠代替恐惧，用麻木代替悲伤，最终演变成抑郁人格。

班杜拉逐渐从传统的行为主义中脱离，认为强化只是影响行为学习的一种非必要方式。"（班杜拉）更加倾向于人的内在因素的探讨，提出了认知、自我调节、自我效能在人类学习中的重要性，使他逐渐从偏重于外部因素作用的行为主义者向强调外在与内在因素两者并重转化建立具有自己特色的理论。"[①]

班杜拉的社会学习论引出了"榜样学习"的概念，利用"替代强化"效应，通过对榜样进行强化来增强或提高学习者某种特定行为出现的概率，运用好强化机制的作用和对榜样的模仿机制。

---

① 唐名祥：班杜拉社会学习理论探讨，《海南师院学报》1993 年第 2 期。

六、研究对象

本能论社会心理学和行为主义社会心理学除了理论渊源的相似，还有研究对象的相似，它们都注重个体和行为，比如麦独孤对攻击行为的本能化解释，班杜拉的波比娃娃实验中主要量化对象也是儿童的攻击行为。而文化社会心理学研究主要集中在文化群体之间心理过程的差异，和前面两者的视角完全不同，但是它和行为主义社会心理学都使用了学习的机制。

文化社会心理学不仅受到文化人类学的影响，也和今天全球化的客观环境息息相关。文化动态的社会心理学采用一种"新扩散主义"的文化元理论，将文化视为社会活动中文化传播过程的产物，并产生了研究文化的形成、维持和随时间变化的动态变化的新趋势。①

七、性质与评价

社会学习论利用了本能的概念，来强调社会环境因素的决定性作用。比如美国心理学家赫伯特·西蒙作为学习理论者，他认为人对社会规范的学习能力实际上是基因被设置好的程序，其背后的逻辑是进化论——物竞天择，适者生存。一个更容易在这个世界上生存下来的人，一般都是习得这些社会规则的人，这群人得以不断繁衍发展，让

---

① Yoshihisa Kashima.A Social Psychology of Cultural Dynamics: Examining How Cultures Are Formed, Maintained, and Transformed[J].Social and Personality Psychology Compass Volume 2, Issue 1. 2008. pp.107-120.

后世的人们不可避免地沾染上学习的本能。

主流社会心理学的理论和发现与文化进化理论的整合，也可以是互利的。[①] 文化演化理论中，人类文化被视为经历了达尔文生物进化论式的变异、竞争和继承的过程，文化演化理论为社会心理学提供了对许多社会心理现象的终极解释，以及对这些现象的人口层面后果的理解，如社会学习、服从、社会比较和群体过程，同时也将社会心理学与其他社会科学学科，如文化人类学、考古学和社会学联系起来。

社会学习论是否完全抛弃了生物色彩，正如本能论中基本毫无"社会环境"要素那样呢？并没有，因为生物决定论和社会学习论之间各自的发展巅峰并不处于同一时空，后者是踩在前者的肩膀上，对社会心理学理论进行发展创新，所以当我们看到学习理论把学习能力同基因混杂在一起的时候；行为论强调外部事件和生物刺激的联结机制，把行为视为某种本能性反应的时候，应该意识到生物决定论对整个社会心理学的理论发展起到重大作用。

秉持着审慎的原则，需要向读者解释的一点是：尽管前文罗列了很多对"本能"和"遗传"解释力的质疑，但是对前人理论的批判不是目的，学者们也不是为了彰显自己的聪明才智而高谈阔论，这样是没有意义且无聊至极的。几代社会心理学家们虽然持有不同的观点和

---

① Mesoudi Alex.How cultural evolutionary theory can inform social psychology and vice versa[J].Psychological Review Volume 116, Issue 4. 2009. pp.929–952.

视角，但是他们都共同致力于遗传还是教化的学术讨论和思想的发展，都秉持着一种初心——让理论能更好地反映和反作用于现实。同理，我们对于前人的理论观点不应该持简单否定或者干脆忽视掉它们的态度，因为如果失去学术史的视角，会让我们自己的研究不知道要"回应"什么东西，变得空洞无味起来。

八、结论与启发

生物因素和社会因素的决定论，虽然在立场上对立，但是从理论渊源上，有许多的交叉和相互借鉴，从研究对象的选择和偏好上，三个主要流派也具有相似性，这很可能不是巧合，它们对立却不隔离①，而元理论交锋和竞争的张力形成了一股推动学科发展的动力。

行为主义是生物的基础，学习的立场。如果没有对生物因素的借鉴，就没有华生的行为主义，没有古典行为主义就没有新行为主义，没有对新旧行为主义的反思，可能社会学习论也要晚现世数十年。

可以理论对立但是不要思想隔离，前人给我们的这个启示，可能比"人性由遗传还是教化决定"的具体回答更加珍贵。

九、问题与讨论——没有完全被"封上"的进路

由人的遗传决定还是社会的教化决定的理论，无论是中国的传统

---

① 这里借用"种族隔离"术语中的隔离概念。

哲学还是西方的近代心理学研究，都不约而同或直接或间接地在这个领域进行了深刻的耕耘。如上文所述，西方视角的理论可以进行以下分类，具有生物决定论色彩的本能论社会心理学是"遗传"，属于"先天决定"的一派；而具有社会学习论色彩的行为论社会心理学以及具有文化决定论色彩的文化社会心理学两者是"教化"，属于"后天决定"的一派。如图4-2所示。

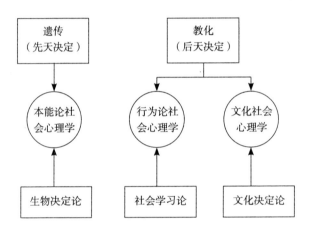

图4-2　遗传和教化的社会心理学理论

此外，笔者要特别罗列出另外两个研究方向，以展示遗传与教化关系的元理论问题仍然大有可为。第一条，性习论：一种"习"形成的时候，一种"性"也就随之一起形成了。这是一个具有中国本土色彩的答案。第二条，生物因素与文化因素"互构"论，美国心理学家戴维·迈尔斯支持这种建立在表观遗传学和社会行为性别差异的社会角色理论上的交互作用理论，这个理论不是简单地承认生物因素和社会文化因素对人的双重作用，而是迈尔斯通过对人能动创造世界的力量的肯定，以及认可环境能够激活基因并让其产生适应性反应的研究事实，强调个体和环境是互构的，生物因素和社会文化因素之间的辩证关系使任何一方的决定论都具有荒谬的性质。

社会环境与集体行为的理论建构探究

社会心理学元理论需要结合具体微观的理论，来阐述和解释现象和构建理论体系。侵犯性集体行为和破坏社会稳定的集群行为，为本文针对社会环境具体对个人的影响提供了思路。本文使用集体在社会环境建构关系场景中的作用视角进行逻辑推论，试图提供一个社会心理学理论系统构建的思路。

一、引言

对于先天决定还是后天教化决定的一切理论讨论，其实都倾向于解释人做出某行为的动机。正如前文[①]所述，行为主义以一种激进的姿态，为学界打开一条重要的进路——他者对个人心理机制的影响，即

---

① "前文"指笔者的"遗传和教化的关系的行为主义视角——社会心理学元理论问题的探究和启示"一文。

社会对个体行为压倒性作用。这也是社会心理学学科独特于心理学之处，为这门学科的独立性起到一定的作用。"社会环境"和"社会影响"是很宏观抽象的概念，环境究竟是如何影响个体行为的？其具体影响机制需要进一步细化分析，做更具象的概念拆解。各种理论之间相互关联，需要建构一个较为完整的逻辑体系。

二、背景及意义

不同甚至冲突的利益关系以及主体需要，构成了不同群体心态和阶层心态之间的张力。社会心态范式的嬗变，实际上揭示了中国社会近年来深刻的社会变革。结构流变和阶层分化等社会关系调整之剧变，也酝酿出社会问题和发展阻力。

有学者认为大型政治运动和荣格提出"集体无意识"有关，笔者认为它需要结合更确切的社会心理学理论进行阐述和解释。下文将对"社会影响的深远存在"进行阐述和心理机制分析，人们为何被说服，做出伤害和侵犯行为。笔者试图提出避免侵犯性集群行为，以及增强民众态度免疫力，以达到地区和平稳定发展的建议。

笔者还强调媒体的影响导致偏见的形成，这既是集体行为的重要动因，也是恶劣后果。随着相关报道，偏见的刻板化程度加深，导向群体对群体的仇视。市政机构被破坏了还可以重建，人身体受伤了还有痊愈的可能性，但是当人对另一群体或象征产生下意识的厌恶等抵触情绪的时候，共识再难达成，分裂情绪难以根除。

三、研究回顾

陈浩和乐国安将诸多集群行为的理论整合进四大模块中，厘清其发生和发展过程，[①]但研究作者也指出对于理论之间的相互关系没有进行细致论述。

学者指出将社会认同论引入中国来探讨中国的本土问题，以及对社会心理学应对中国社会变迁这个题目有重大意义。[②]但从不同学科角度，理解身份认同和社会认同的建构又是一个新鲜的领域。

四、基本思路

（一）宏观理论基础——社会建构论

通过电子邮件、互联网、无线电广播和出版物等渠道，参与者可以积极地建立和加强他们的合理行动和价值观。当他们这么做时，意义边界得以确立，隔绝让位于敌对。我们无法理解他者的行动，他们似乎误入歧途，并且可能是坏的，于其中任何群体都可以形成各种大规模破坏性的策略。并且，意识到世界建构的多样性和它们对其他人民的积极作用，是朝向转型性对话的重要一步。[③]

---

① 陈浩，乐国安：集群行为诸理论的整合模型，《心理科学》2010年第6期。

② 赵志裕，温静，谭俭邦：社会认同的基本心理历程——香港回归中国的研究范例，《社会学研究》2005年第5期。

③ 肯尼斯·格根：语境中的社会建构，中国人民大学出版社。

以认同问题的解释为例，社会建构论对社会进程的理解，应当融合传播学理论——从新事物、新观点、新态度的出现看社会心理构建认同，这是一个理论创新点。实在论者用"自然状态"下的"自然反应"来理解社会认同；而建构论者往往解释为社会进程的"后果"，以"因袭传统"的视角理解认同机制的产生，并做下一步推论。笔者认为应该增加一个相反的进路——从新事物、新观点、新态度的出现看社会心理构建中的社会认同——这样应对现实更有意义，可以真正地建构未来，而不是"马后炮式"讲一句"按照传统确实如此"，这也更符合一些社会建构论者的初心。

（二）中微观理论——环境威力法则

1. 偏激理论

环境威力法则属于环境决定论，马尔科姆·格拉德威尔评价它为偏激理论，但确有经典的心理学实验作为例证。[①]最著名的一个就是，美国社会学家菲利普·津巴多在 1971 年做的"斯坦福监狱实验"。通过这个实验得到的结论被津巴多描述为："我们内在的癖性会屈服于强大的情景，在一些具体情况下，基因对我们的先天影响可以降低至零。"这里需要注意的是，津巴多没有将对人的行为产生影响的因素泛泛地总结为"环境"，而是形容成具有特殊性的"情景"，这是比较细

---

① 马尔科姆·格拉德威尔：引爆点如何引发流行，中信出版社。

节的理论描述方式，是一种有价值的"文字游戏"。

人们发现，通过改变环境中的一些细枝末节，可以达到人为设置情景的目的，但是人身处的大环境更难发生改变，牵扯的因素和条件更多，而且需要结合人的心理机制来理解环境对人的影响。美国心理学家休·哈茨霍恩和 M. A. 梅提出了和津巴多相似的观点，通过设计诚实测试来研究人们的作弊情况，结果说明诚实是特质，很大程度受到情景的影响。内含的深意就是，所谓性格不仅是多面的，也是多变的，但是人们在加工信息的时候发生了错误的归因，被心理学家称为"基本归因错误"，比如美国心理学家朱迪·哈里斯在《抚育的假定》中指出，出生顺序的影响仅限于家庭这个情景，一旦进入新的情景，出生顺序赋予老二的反叛精神就会失效。美国人格与社会心理学家沃尔特·米歇尔将人类的大脑描述成"减压阀"，作用是保持心理稳定和持续。大脑在加工和解释信息的时候，一旦被观察者出现看似矛盾的多面行为，我们会下意识地选择一个方面作为对方被假想的"真实性格"，然后试图用其他的行为来证明我们的这个预设是正确的，这样在面对客体不断变化的现实行为时，观察和感知才不至于"断片"。

破窗效应是典型的环境威力法则的演化物，它指出：犯罪是秩序混乱的必然结果，无政府主义的蔓延。人们推测这里是一个没人管至少是没管住的地方。犯罪流行潮理论认为，犯罪是可传染的，这种流行潮的引爆点是物质不是人，这个物质是环境的某个特征，比如公共场所的涂鸦。人们用新的油漆图案覆盖旧有图画的行为说明，罪犯因为对自己周围环境非常敏感，对各种暗示非常警觉，总是容易受到自己对周围世界的感知影响，在身边事物的触动下轻易地萌发出犯罪的念头。

因此，环境威力法则之所以被人认为是偏激理论，因为它在一定程度上忽视罪犯的内心体验，把原因归咎于环境因素，似乎直接改变那些容易对人产生刺激的物质，直接拘捕那些逃票者就可以遏制犯罪了。那些日常生活中，不寻常的象征着混乱秩序的信号，是环境的爆点也是管理者可以轻易改变的东西，远比疗愈反社会人格（根据性情决定论）简单。但是实际情况告诉我们，盛行现象比如犯罪，其转折点并不像环境决定论者想象的那么简单。

所谓"内心体验"也并不绝对主观，因为心理学不是"读心术"，不可能真正"取得"罪犯的所有符合真实想法的内心体验。研究者只能进行理论建构，试图测量操作化一些经过再加工的内心想法。社会心态领域更关注这种"偏主观性"或"感性实践活动"①相关的"内心体验"，却是集体性和社会性的视角。社会心态和环境决定论有异同，可以互补合流建构理论。

2. 环境威力法则的干预法引向对外部环境的改造

将暴力行径情景化归因有可能导向一个错误归因的路径——作恶者行为责任和恶性的开脱。笔者特别强调，"可以理解"不代表"能够

---

① "感性实践活动"一词出自胡红生著的《社会心态论》。

接受"。识别并分析暴行出现的外部环境因素类似于将它"去神秘化"甚至"去特殊化",有利于对环境进行人为干预,预先设置适宜的防范措施,这也是行为主义为我们留下的遗产。

我们可以着手改造"环境"包括含有暴力情节的电视节目和电子游戏等,审核力度加大,并且审慎地设置适合年龄,避免负面的攻击性被儿童模仿习得,社会学习论的代表人物班杜拉在该领域有不少的研究成果。此外还有摇滚音乐节、大型体育赛事等场所的安全保障工作,尤其要注意,在疏散观众时应注意减少含有挑衅意味的言行举止,清理通道中容易引发对立或狂躁的标语图案,避免攻击行为,特别是集体攻击行为的发生。

(三)理论环节的补充

以上是相对宏观的理论,从"社会建构论"到"环境威力法则"都在泛论社会情景对个人行为的较大影响,还需要其他理论环节做逻辑补充:其一,社会群体是社会环境塑造人的关键环节;其二,在社会群体中凝聚的社会认同是另一个重要概念。

社会学家伊莱休·卡茨的"沟通两步流程"是传播学和社会心理学的一个交叉理论,该理论将信息的传递分成两个步骤:第一步,从媒体到意见领袖;第二步,从意见领袖到普通大众。笔者认为第二步中间存在一个重要的环节被该理论创始人卡茨所忽略——意见领袖到普通大众之间需要借助团体和社群的形式才能高效传递。其实,针对

"群体"的研究在传播学中可能没有对"媒介"的研究重要，但"群体"的概念在社会心理学中却占据了核心位置。一方面，群体能够塑造成员的观点；另一方面，群体能够塑造成员的行为。前者是隐性可推测的，后者是显性可观测的。两者分别匹配了"动机"和"行为"两个环节，是一条解释力很强的理论路径。

个人如果在以集体或群体为形式的社会活动中，找到社会认同和自我定位，将极大地影响个体行为（也正是这种相似行为出现的普遍性，让行为主义者怀疑人性就是在这个过程中被决定被塑造的）。下面笔者将具体阐述为什么一定是集群和群体这种集体类型做"中间人"，以及其解释力优势。

1. 大众传播为起点

由于大众传播在现代社会经济、政治和社会组织中逐渐发挥着重要的作用，人和他人的相互依赖关系加深。信息传播的技术进一步发展，人们极为依赖大众媒体向社会各界传播信息，并由此对人们的观念产生影响。如何使人们对组织领导者推行的标准和价值产生广泛认同，就涉及传播系统调整的问题。同理，对于不同族群之间已经产生的"心理壁垒"，应该通过怎样的话语和符号消除，也涉及传播系统的发展问题。将其抽象到理论层面，主要围绕两个问题讨论：第一，个体对社会身份的评估问题；第二，特定情境刺激对一致性程度的影响问题。整体而言，传播学对人产生认同的解释是关注外在刺激的，暗含环境决定论的视角。

大众传播学对社会信念的产生机制解释为，对人的有效刺激，接触新观点时人们更关注"新答案"，这就是"有效刺激"。成功的传播既能让各类刺激适应个人的语言技巧，又能刺激个人，使他接受建议、意见。按照这种做法，社会整体对某观点的接受度将越来越高，引起群体差异的传播会招致受众反抗。[①] 需要注意的是传播学探讨的群体概念和社会心理学略有不同，它是一种泛指，不特定指代最高组织性的团体组织。总之，涉及"群体一致性"问题：不同的社会团体进行集群行为和社会运动，往往依附于一致性动机。至于这种一致性如何达成，就涉及集体如何控制个人，以及个人如何应对的问题。

2. 团体组织

组织的运行遵循一些基本的规律，如何良好地运用规律决定了这种组织的生存状态和发展趋势。团体组织发展包含四个阶段，即合一阶段、控制阶段、冲突阶段和终结阶段。最初，个体自己的目标占主导地位。同时，个体考察集群团体中他人的感情、价值观念，探究该组织的结合力所在。一边观察他人行为，一边试探性参与团体活动。在这个过程中，一方面，个人情感得到满足，团体价值观念逐步形成。成员开始修正行为以保持一致，成员之间相互顺应。形成团体纽带，进入第二阶段，团体目标占主导地位的团体组织控制阶段。个人积极参与组织仪式，追求组织中的官职，服从于组织中的等级制度。组织

---

① 卡尔·霍夫兰，欧文·贾尼斯，哈罗德·凯利：传播与劝服，中国人民大学出版社，第182—183、第112—141页。

内部的稳定性就可以达成，更有利于实施团体观点，其规章和所宣称的目标，成为成员公认的"正确的思维"，一套发达的组织符号系统得以建构。与此同时，外部性团体目标定向，成员推崇甚至信奉有利于目标的价值观念；排斥个体和团体的其他价值观念，排斥非成员的相互交流，甚至断绝一切外界联系。

冲突阶段中个人的目标占主导地位，成员不满组织规范和团体目标，在评价上存在分歧，从而发生对抗行为，组织成员就会担当破坏稳定的角色，对区域、界限、仪式和等级制度等之前深信不疑的信念产生背离。最终，团体走向终结阶段，个体从团体中分裂出来，团体宣告解体。

由组织团体进化阶段可以发现：个人还是团体目标占据主导地位将极大决定该组织的存在形态和发展方向。如果进一步做推论：将该社团的概念拓展成全社会的范围，那么个人主义和集体主义之间的张力理应对全社会的发展进程和稳定状况产生较大的影响。另外，团体组织符号系统和成员公认的"正确的思维"，就是社会心态；个人从团体中分裂出来的愿望和斗争，是社会认同崩塌的体现。

3. 社会心态与社会认同

明确"社会心态"是一种社会心理大环境；"社会认同"是个人为自己构建社会身份。笔者发现这两个以"反方向"被构建的概念，充分融合着发挥作用——特定的社会心态反过来构成社会环境的一种，能够制造适合大型集群运动的环境，这也是对环境决定论的具体阐述补充。

前人对社会心态多描述其生成原因和现象，即特定的社会环境建构特定的社会心态，较少关注社会心态对社会环境的"反作用"。与之相反，对"社会认同"的研究更关注其对社会环境的作用，比如研究者认为"个体对某一社会类别、群体的认同感越强，就越有可能代表那一社会类别、群体参与集体行动"[1]。"社会认同"作为一种社会心理现象的社会功能性被充分讨论，在"被认同感"——亦可称"群体成员身份确认"[2]，在获得成员资格这种认同机制的作用下，原本对政治冷感的年轻人却愿意参与集群活动和社会运动。

（四）对应行为过程的具体理论解释

参与集群活动和社会运动并不是不道德的事情，甚至也不一定属于违法行为，但是参与者一旦使用暴力攻击和侵犯，就会引发社会恐慌。用生物因素和遗传因素，并不能很好地解释这个问题，需要用集体（包含团体、集群和群体）在社会环境建构关系场景中的作用视角来理解。

1.动机产生

冲突往往表现为侵犯行为，人们做出侵犯行为的动机产生原因主要有三，即误解、从众和说服。按照对心理的作用仍然体现为两种，

---

① 陈浩，乐国安：集群行为诸理论的整合模型，《心理科学》2010 年第 6 期。
② 同上。

即个体目标或群体目标占据主导地位。

误解的产生包括自我服务偏差、自我合理化、基本归因错误、过滤信息、群体思维、内群体偏差、负面刻板印象等原因，也是合理化自身侵犯行为的过程。如果人们因误解而产生下一步行为，则在该行为中个体目标占据了主导地位。

人们还有可能受到集体目标的影响产生侵犯动机，往往被解释为从众。将从众分为两种类型，即无意识从众和有意识从众。前者尚能解释为人们顺应群体的本能，后者则是个体主观上认同众人的做法，实际上是说服机制的作用。大众被说服与"意见领袖"直接相关，涉及"权威"甚至个人崇拜，因为"意见领袖"比泛泛的媒体更具体，更有实感，更容易让人信赖。此外，一方面中年人比青年人更不容易改变自己的态度，前者往往是社会中掌握权力的群体，他们的社会角色对个人行为的约束力更强；另一方面，青少年时期和成年早期是人生观和世界观基本定型的时期，这个时期的所见所想和所作所为极大影响着个体对外部环境的态度和人生价值观，因此"思想开放"的年轻人就容易成为最好的说服对象。

2. 行为过程

当集体目标为主导时，社会情境就会影响越轨行为的产生。在"社会助长作用"下，可以解释为什么人会伤害他人：他人（同伴）在场的情景，会引起自己的唤醒机制工作，做出攻击行为。

从"集群行为"上升到高度组织化的群体行为，涉及一些更成熟的理论：群体失控、弱化自我察觉导致失控行为。这两种理论的共同点是都由群体引发，由此可以推得"群体极化"的概念。一般的闹事称不上是群体，群体是最高的形式，高度组织化的，现实中凡是产生巨大影响的行动，其背后的动力和推手复杂却有力，有必要关注正式群体组织在其中的作用。

个体目标为主导时，越轨行为直接和个人心理挂钩，人对某种不道德甚至侵犯性行为进行合理化归因之后，有很大的可能性做出该行为。其中，以相对剥夺感为例，当社会中有足够多的个人产生共同的相对剥夺感时，就构成了上文所述团体、集体、群体目标，甚至某种特定的社会心态。

与其说是"个体目标"不如说是"个体化的集体目标"，在绝大多数情况下并不存在绝对的个人观点和目标。比如"相对剥夺"概念，人的挫折感经常发生在社会比较时，但实际获得的东西并不一定少，只是低于期待值。当期待来源于和他人的比较时，个体就是群体化的。

用厌恶性情景中的厌恶刺激，诸如恶劣天气、疼痛、侮辱等来解释唤醒人们攻击行为的发生，虽然视角足够个人化，但是相较于相对剥夺感，它对大型集群行为的解释力较差，有以下三个理由：第一，不同人接受厌恶刺激的水平不一，且类型同一性较差，而相对剥夺感几乎是所有阶级社会的阶层"通病"。第二，在厌恶刺激的驱动下，人们很难形成团体，更不必说形成组织结构更严密的集体了，而具有"相对剥夺感"的人群往往处于同一社会阶层，有更一致的利益和诉求，甚至本来就从属于同一集体甚至群体。第三，厌恶性刺激的出现有随机性，而且人为不一定可控。比如突发性疾病、大型自然灾害等。诸如针对工资水平的不满背后有产业发展的必然性，且可以通过社会再分配进行调控。

3. 结果

现代社会通过立法和行政拘留，通过发动国家机器来解决问题。虽然可以快速稳定局势，但是总会有人酝酿着下一次的暴动。也有不少学者和官员强调年轻人教育的主动权的问题，把文化决定论作为理论支撑。

笔者认为，最理想的方式是采用社会心理学的思路——通过沟通达成和解，以重建社会秩序，其中公共管理和传播媒体做重要辅助，下一个部分展开论述具体的干预思路。

4. 干预——对带来负面影响的集群和集体行为有效控制途径

如上文所论述，如何使人们对组织领导者推行的标准和价值产生广泛认同，涉及社会心理学和传播学交叉的问题。同理，对于不同群体之间已经产生的"心理壁垒"，应该通过怎样的话语和符号消除，也涉及传播系统的发展问题。该系统包含这几个层面：意见领袖、受众心智和传播手段。

现实中控制"意见领袖"，比控制失控的团体成员更有价值。因为后者是身份模糊化的，在群体规范下充分地"去个体化"，在丧失自我意识的状态下行动。而"意见领袖"是团体组织中符号精英的角色，他们是公共话语真正产生的渠道，也受到更多人的关注，且很难匿名化，会产生更强的评价顾忌。他人关注使自我关注增强，不断强化自我察觉。因此，意见领袖者的唤起水平虽然高，但很少出现分心状态，他们的注意力始终在自己身上，其一举一动确实能够反映自身的价值观，而不是一时的应激反应。关键手段应是控制群体中作为"意见领袖"身份的说服者，正所谓"擒贼先擒王"。此外，针对团体成员的有效措施是去匿名化，但仍然面临道德和伦理的拷问。

此外，受众心智特点也是说服效果的影响因素。"外周路径说服"是人们处在低努力水平的一种说服路径，若想引发大众长期可持续的坚定信念，不仅需要传媒宣传工作的努力，还应尽可能培育大众养成关注相关信息，并系统分析各类信息的习惯，即使被说服，也要是经过仔细思考其论据之后被说服——即"中心路径说服"。[①] 随波逐流的大众和拥有惯性集体思维的大众，让社会信念成为暂时的，凝聚力也是暂时的，社会很容易陷入无秩序不稳定状态。激发大众表达不同意见也不应过度依赖匿名化操作，易使人丧失身份意识和责任意识。要一分为二地看待匿名化，虽然可以借助匿名化处理保护个体安全，某种程度上培育个体独立思考的意识。但它也可以使个体失去自我感，对情景产生更加激烈的反应。

说服渠道是一方面，受众特点是一方面，发布信息的频次和顺序的具体做法也很重要。受众对两种不同信息的反应会因信息出现的时

---

① 戴维·迈尔斯：社会心理学：第 11 版，人民邮电出版社，第 225—227 页。

间间隔，以及距离受众做出反应的时间间隔相关。"首因效应"是指，当信息发布间隔比受众做出反应的时间间隔更短时，受众更容易接受先出现的信息；"近因效应"是指，当信息发布间隔比受众做出反应的时间间隔更长时，受众更容易接受后出现的信息。所以，发布反对信息不能一味追求"快速"，更需要参照受众心理，掌握时机进行发布。这个理论发现对舆论战有一定意义，传播学和社会心理学的研究交叉融合将会带来很好的效果。

五、结论

集体（包含团体、集群和群体）总能凝聚认同，社会作为更大的集体，凝聚社会认同，因而人参与集体中是社会环境塑造人的关键环节。简言之，社会环境以团体、集群和群体为桥梁搭建关系场景，塑造社会认同和社会心态。

涉及思维方式的问题，在西方个人主义泛滥，中国集体主义至上的思维碰撞中，我们应该怎样找到那个平衡点，社会心理学从一个比较独特的视角给出启发，教我们探究由冲突到和解的路径，有利于建构自身和社会的价值体系。如图4-3所示。

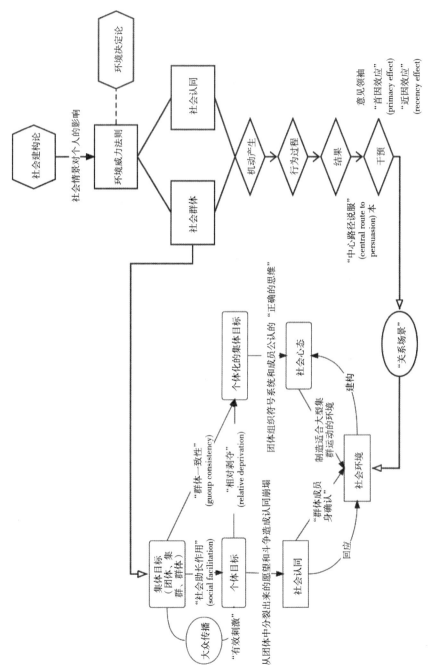

图 4-3 社会环境与集体行为的理论建构图示

六、有关讨论

因笔者通过较大篇幅结合传播学和社会心理学进行论述，似乎有进入政治和公共管理领域进行讨论的愿望。同时，笔者补充一条，结合网络和青年社会学更深入地认识集群行为。因为当代青少年政治表达往往以一种更加"隐蔽"的方式进行——网络集群行为。这和传统意义上的集群行为有所不同，它有更强的匿名性，更快的传播速度，也有更大的管控难度。还可以根据网络心理行为讨论现代互联网络在集群行为中起的作用，比如网络游戏对现实的映射作用，以及虚拟网络社群角色如何作用于现实角色等研究方向。

围绕集群行为和群体行为的消极面进行理论探究，对积极性欠缺讨论，虽然宏观理论互通，但微观理论和机制相异。控制了消极的集群和群体行为之后，可能还需要积极的集群和群体行为发挥作用，怎样维持其性质又不打击集群和群体的积极性是比较重要的研究方向。

顺着社会建构论和（环境威力法则背后的）环境决定论，高度强调建构"关系场景"对社会心态和认同感的作用，而且由于不是实证研究，对个体之间差异性的认识不够深入，因而仅能提供一个理论系统构建的思路。

哲学思想传统与社会学的现代之问：
对"灵"字的社会语言分析

一、脉络的梳理和意义的建立

研究社会学也要将语言纳入考量吗？笔者首先对这一问题的相关概念逻辑和理论进行综述。核心逻辑是：社会学和语言学沟通的达成，需要通过人类学之门。一扇门来自英国古典人类学家詹姆斯·弗雷泽对人类内心"交感"的洞察及对巫术的探源性解释[①]；另一扇门来自结构主义者法国哲学家克洛德·列维-斯特劳斯，他提示我们要把那些"看起来相距较远的社会生活的各种表现之间的根本相似之处"，拉近

[①] 弗雷泽在《金枝》中提出交感巫术和顺势巫术的概念，并认为中世纪盛行的社会特殊意识形态很有可能是由巫术发展进化产生。

来理解[①]。

（一）从神性走向人性：被放大的功能和结果

有以下几种普遍的操作路径：在文化团体、文化场所和文化仪式中，观察显性的文化活动，并阐述其社会功能。还有量化信仰指标、访谈有关组织成员等定量和质性研究方法，以分析组织的联结机制等。以上这些研究方法确实可以清晰地展现文化在社会中的作用和功能，但文化带来的特殊情感和伦理机制是如何产生的？美国社会学家罗德尼·斯达克的研究数据也表明不同的上帝形象、不同地域的社会特殊意识形态确实对人们的道德水平起到不一样的作用[②]，这种不一样是从哪一个环节发端的？这一系列内因性、过程性问题也应当被解释。不仅要关注人们行动的结果，也要分析行动的起因和过程。笔者认为这样，才能形成一个完整的解释链条。

神明往往具有人化的特点[③]，这反映出人意识的能动性特点。除了人的行为本身，人的意识活动也应该纳入讨论，而语言就是人的意识和思维的载体，它能够为我们指引理解除功能之外的道路。

---

① 克洛德·列维-斯特劳斯：结构人类学 1，中国人民大学出版社，第 70 页。

② Rodney Stark, "God, Rituals and the Moral Order", Jurnal for the Scientific Study of Religion, 40:4（2001）, pp.619–636.

③ 詹姆斯·乔治·弗雷泽：金枝，商务印书馆，第 159—187 页。

（二）从功能走向系统

1. 语言学和社会学都将语言视为"符号"

瑞士语言学家费迪南·索绪尔通过能指和所指的对立，搭建了一个认识和理解语言系统。从语言系统的角度来看，一方面，每一个语言符号（"所指—能指"的结合）与其他语言符号都是对立的，而且其价值就是通过这种对立体现出来，该理念也是笔者采用对比的方法来分析语言特殊性的一个理论根基[①]。另一方面，作为系统内的各项要素，它们之间必然具有连带关系，索绪尔在"所指—能指"图式之间用一字线来表示这种关系。索绪尔不仅将语言视为系统，而且用联系的眼光来看待作为特定语言单元的"能指"和表示概念的"所指"。它们既对立又统一，构成语言符号这个系统。

索绪尔认为语言是具有心理性质的东西，是"一种两面的心理实体"。作为语言符号内部的两个要素，"所指"（概念）和"能指"（声音形象）也是心理性的东西。关于语言符号，索绪尔认为它具有两个重要特征：一是符号的任意性；二是能指的线条性特征。

由于世界的诸多语言有较大的不同，索绪尔提出了符号的任意性。但是，索绪尔认为，某个特定的"能指"和某个特定的"所指"的联系不是必然的，而是约定俗成的。

"线条性特征"是第二个特征可以直接指向法国社会思想家米歇

---

① 基于此，在本文的第二部分，我首先进行了中文和英文构词的对比分析。

尔·福柯提出的一些概念。索绪尔是这样解释"线条性特征"："能指属听觉性质，只在时间上展开，而且具有借自时间的特征：它体现一个长度，这长度只能在一个向度上测定：它是一条线。"不仅因为语言的展开，无论是言说还是默语，总是在时间的维度中进行，而且还因为只要我们用文字把它们表示出来，便可用书写符号的空间线条代替时间上的前后相继。

无独有偶，同样具有二重性的是涂尔干对社会特殊意识形态的表述。人性的两重性对应着我们的双重存在：一个是扎根于我们有机体之内的纯粹个体存在，另一个是社会存在。

福柯关注话语、知识、科学之间的关系，将"知识"界定为一种话语实践，因此可以拿来考古人类历史。同理，拿来"考今"也未尝不可。在福柯看来，"陈述"是功能（这种功能把结构领域和可能单位的领域交叉起来），按照规律的陈述是"话语"[①]。他将"知识"界定为一种话语实践，是一种功能，"这种功能把结构领域与可能单位的领域交叉起来，并以具体内容在时空中把它们揭示出来"。按照某种规律所形成的陈述的整体则是话语。

2. 社会特殊意识形态和语言都是系统

在涂尔干的定义中，圣物、信仰、仪式和道德共同体是同等重要的因素。

---

① 米歇尔·福柯：知识考古学，生活·读书·新知三联书店，第 41 页。

从结构人类学的角度理解："功能显而易见，系统隐而不露。"语言作为符号，搭建起人类的认知体系，它是生活中最常见的，但也蕴藏着一些深意。

（三）从显性走向隐性

笔者认为对中国精神文化层面的研究，能不能走向研究更"隐性"、更深层的东西，将深刻影响社会特殊意识形态在中国社会中的定位问题的解答，也能帮助人们更好地认识和正视中国社会的面貌。

常见的日常用语是跨越阶层的，并不是消融阶层差异，而是各阶层有的共性。因为，很多话语是下意识所说，而且从结构人类学的角度，这也是中国社会作为一个整体时的特殊结构。

二、对经验现象的可能性解释与发现

（一）中西方不同的构词逻辑

笔者之所以关注到"失灵"这个词，是源于中英文的构词逻辑对比：英文描述"失灵"（如"刹车失灵"）通常使用 out of order/disfunction 这种表示秩序、功能的词语，或者用 not work 这种最直白也最符合现代人认知下的词语；"失灵"一词的直接语境含义——"变得不灵敏或完全不起应有的作用"。表达同样的意思，中文却选择用"灵"这个字加上"失"这个否定前缀。而这个词的核心字"灵"，并不指代"功能"或"秩序"，它常常指代一种人们难以解释，甚至不可认知的现象。"灵"字常用的组词有：灵魂、神灵、灵验、灵气、灵枢等。

（二）中西方不同的文化思维导致不同的心理体验

英文在这里的构词有很强的世俗气息，没有与巫术和社会特殊意识形态等不可知对象相关的含义直接关联。人们普遍认为命运是上帝"安排"的，所以只有"失序"，不存在"改命"。人能做的，只有赎罪，属于典型的决定论思想。

中国人在信仰上有很大不同，我们似乎很乐于干预自己的命运，并且相信干预有效。比如，取名字的时候要看五行八卦，缺什么就在名字中补上什么。因而祭拜一切"有作用"的"神仙"，信仰符合自己的想法并且能够满足自己心愿的神祇。而一旦发现对某对象的崇拜没有带来想要的效果，人们在换掉崇拜对象的同时，也把失望的心理体验通过"失灵"这一语言表述出来。这就是"唯灵是信"的传统，也有人把这个现象归结为"泛灵论"或者"多神信仰"。

（三）从"失灵"一词透视中国社会中的"唯灵是信"传统

人们在使用母语的时候往往不会思考某特定语言的能指，尽管我们能熟练地使用字词象征的含义。这一现象用语言学里索绪尔对语言符号的表述，即"用符号这一词表示整体，用'所指'和'能指'分别代替概念和声音形象"，语言符号这个"能指"本身很少被关注，人们似乎仅仅关心这个语言符号的意义，也就是"所指"。比如，很少有中文说"这个东西失灵了，用不了了"的时候会想：为什么"失灵"这两个字合在一块表示的是"失效"的近义词？这种约定俗成是缘何产生的？

首先，可以从适用语境来思考，使用对比的思路。"失灵"一词又被广泛使用于诸多领域，而"显灵"似乎只在明显的文化仪式或者祭祀祖先等场合才听到，其所指具有一定的局限性。比如，在现代经济学中，有一个专业术语叫"市场失灵"，但是没有"市场显灵"的说法。在机械化自动化的工业社会，人们常说"仪器失灵"，却没人会说："经过维修，我们让仪器显灵了。"在生物医学领域，医生可能诊断病患为"味觉失灵"，却不会说："通过成功的治疗，你的味觉终于显灵了。"

通过以上比较可知，如果跳离这两个词的使用语境，"失"和"显"对应构成反义，修饰表达期望的结果"灵"字。因此，它们的"能指"符号是一对严格对仗的反义词，而"所指"意义却没有实现"机会平等"，不能分享同等面积的适用语境。故可以进一步推论，失灵和显灵这对词语在被使用的现实中，对应着两个不同的境遇，即"失灵"是一件常常发生的事情，故被广而用之；而"显灵"是一件求而不得的事情，既然无法证伪老天会显灵这件事，干脆将"显灵"一词置于人们用语的边缘。人们总是对"显灵"这个词、这件事，怀有一种又爱又恨的态度。而中国人的特定文化活动具有"唯灵是信"的一面①。所以通过对比"失灵"和"显灵"的语言特征，揭露出中国社会文化中让人产生信仰的根本依据。

人们在这个不确定的世界中想找到某种确定性，想掌控自己的命运，但是总感觉做不到。各种"失灵"的现象轮番上演，似有超自然力量在操纵着。于是有一部分人选择控制这股力量，巫师们试图通过巫术"抓住"灵、神，让袘们听从自己的指挥。"灵"在古文字学角度从"霝"字到"靈"字形，变的是载体，不变的是雨下三点的降雨内涵，并增加了特殊人物"巫"为底。正是因为汉字的表意系统，我们可以去想象造字者对靈—灵的期待——祈神降雨、弭旱禳灾。

人们遵从某种伦理道德，兢兢业业地在社会规范下行事，但是，求神或老天"显灵"，何其难也。即便求之不得，人们似乎也没有放弃希望，因为人们相信超验的绝对主义道德似乎必然会导致决定性的结果，"好人有好报"。同理，当经验性的人们感到不满和绝望，会归结于自己的命数不好，事件的发生是"前世注定"②。俗语道："命里就有祸根"，导向"百因必有果"的理解，而这种宿命论的结果是人们很难撼动的，也正好能解释为什么人为的干预失败了，导致"失灵"。人们经历跌宕的心理体验，最终外化形成了一套自洽的语言系统闭环。

---

① 杨庆堃在《中国社会中的宗教》第五章（四川人民出版社 2016 年版，第 95 页）中写道："在富有多神信仰的文化中，人们通常很容易接受新的神灵有超凡能力的宣传。"

② 杨庆堃：中国社会中的宗教，四川人民出版社，第 43—44 页。

三、总结

在西方,"世俗化"是一种趋势,标志着社会特殊意识形态对世俗世界的影响力量由强到弱的过程。而在中国,社会特殊意识形态与政治的"捆绑"在历史中非常多见。[①] 正如美国学者史蒂芬·太史文在《中国中世纪的鬼节》中通过对文化节日的分析可知,中国的神性元素是隐形在每个普通中国人生活中的,甚至是广泛到不能用弥漫性来概括的。

笔者本想从行为入手研究中国文化精神的命题,但感觉到一些局限性,所以决定用"隐性"的视角,即心理的角度来进行探究。神性元素给人独特的心理体验,语言也是具有心理性质的存在[②],"灵"性的情感可以通过语言外化,由此本文就确立了语言哲学和社会语言学结合的研究路径。

通过阅读文献深入了解该领域,笔者发现"系统"这一概念是关键点。一方面,语言和信仰体系是人类社会象征体系中的一部分[③];另一方面,语言和信仰体系本身也都有结构性,其系统值得分析。列维-斯特劳斯的结构人类学提供了一个宏观的视野,揭示语言背后以及人与世界的关系背后的象征体系,若想真正理解系统,就需要剖析信仰

[①] 杨庆堃:中国社会中的宗教,四川人民出版社,第83—101页。

[②] 语言学家索绪尔将语言形容为"一种两面的心理实体",认为它是具有心理性质的东西,一是能指,二是所指。

[③] 克洛德·列维-斯特劳斯:结构人类学1,中国人民大学出版社,第100—101页。

体系和语言"之间根本的相似之处"。

因此，在第二部分开展了一个尝试性的分析，通过和"显灵"对比，以及分析"失灵"一词的能指—所指连带关系，通过内心体验解释"失灵"一词体现"唯灵是信"的信仰逻辑。

现代社会"打工人"的马克思主义劳动哲学思考

一、引言

2020 年 9 月末以来，发端于哔哩哔哩视频网站的"打工人"一词通过大众传媒迅速渗透社会各界，带有"打工人"一词的词条多次登上微博热搜，"早安，打工人"成为年轻人之间最"时髦"的问候方式，"打工人，打工魂，打工都是人上人"，是网络世界中年轻人相互调侃时使用的高频语句。"打工人"一词有很强的渗透力，它已经成为当代诸多劳动者自我评价的称谓。[①] "打工人"本是社会工薪阶层受雇于人的口语表达，现在却成为各行各业、各收入水平劳动者共有的自我称

① 严蔚霞："打工人"梗的流行及其社会现象探析，《新闻前哨》2021 年第 7 期。

谓。^① 劳动者们通过玩"梗"拉近距离，实现身份认同等社会功能。^② 同时，劳动者也宣泄出负面情绪，并产生积极应对的情感补偿。^③

在马克思主义劳动观的研究领域中，学者指出已有研究多在马克思主义理论学科体系内，应当扩展研究视域，实现多学科分析应用。^④ 本文采用的就是这种研究视野，结合社会学和马克思主义理论进行分析和思考。

马克思认为劳动是人的本质，具体表现为：劳动创造财富，是个人基本物质需要的基础；劳动实现自我，使人获得精神生活的满足感、快乐感；劳动超越自我，激发人的创造力。在我国，"爱岗敬业、劳动光荣"是时代的主旋律。^⑤ "打工人"式的身份认同对社会生产力的发展带来了什么作用？"996"式的"劳动素养"是"打工人"的标配，然而，这样的劳动精神应该被提倡吗？新时代的劳动者究竟面临着怎样的现实境遇？笔者认为这些问题适合使用马克思的阶级分析法和劳动理论来分析"打工人"式的劳动观，并回答"我们应该树立和培植怎样的劳动观"这个最终问题。

---

① 魏晓阳：收编与抵抗——青年亚文化传播视角下对"打工人"梗的解读，《视听》2021 年第 3 期。

② 林纲：网络视域下"××人"词语模的生成与功能嬗变——由年度热词"打工人"等谈起，《传媒观察》2021 年第 2 期。

③ 王鑫：从社交货币视角看网络流行语的情感传播——以"早安，打工人"为例，《视听》2021 年第 3 期。

④ 庞瑞华：改革开放以来国内马克思主义劳动观研究述评，《大连海事大学学报（社会科学版）》2021 年第 3 期。

⑤ 许元政，刘永春：马克思主义劳动观及其当代价值，《前沿》2015 年第 10 期。

二、"打工人"式的劳动观

（一）"打工人"一词能起到掩盖劳动异化的效果

首先，"打工"一词代表身份差异，甚至是阶级差异发挥作用下的雇员。这是"工作者"与"打工人"在主观情感和客观身份上的不同。当雇主将雇员视为劳动力，以支付报酬的方式购买了劳动力商品，那么雇主使用这个劳动力的过程就是劳动力进行劳动的过程，亦即雇主只针对劳动力支付报酬，而不针对具体劳动支付薪金。这种整体购买劳动力的方式会导致雇员的剩余价值被过分剥夺，越劳动越贫穷。而"打工人"文化最盛行的圈子是实行"996 工作制"最多的工作——互联网商业巨头公司，他们的程序员每周工作时间大于 72 小时。在这个层面上，无产者为持有私有财产的资本家工作，获得远小于劳动强度的劳动报酬，这一图景非常类似于马克思在《1844 年经济学哲学手稿》中描绘的工人劳动异化现象："工人对自己劳动产品的关系就是对一个异己对象的关系。……工人在劳动中耗费的力量越多，他亲手创造出来反对自身的、异己的对象世界的力量就越强大，他自身、他的内部世界就越贫乏，归他所有的东西就越少。"①

马克思对"异化劳动"的分析，被视为资本主义私有制条件下的思想产物，但工人的非人化生存状态才是问题的核心。劳动者的生存

---

① 马克思，恩格斯：马克思恩格斯文集：第 1 卷，人民出版社，第 160—164 页。

境遇本应随着所有制变化而变化，而"打工人"式的身份认同也确实出现在当今社会中。我们需要正视问题，"打工人"的本质依然是劳动的异化。"打工人"的身份地位和经济能力被资本家所压制，被自己创造出来的东西统治。

（二）劳动者接受"打工人"称谓并被思想同化

在"996"现象引发社会广泛讨论之后，曾有人公开表示能够"996"是一种"福气"，"996"是奋斗者应有的姿态。结合雇员们的"打工人"式身份认同，加班制度尽管违法，却在道德层面越来越被合理化，变成很容易被人接受的模样，但实质依然是资本家剥削"打工人"的剩余价值，前者只需要支付 1.5 个员工的费用，就可以获得 2 至 3 人的实际劳动力。[①]"工人生产得越多，他能够消费的越少；他创造价值越多，他自己越没有价值、越低贱；工人的产品越完美，工人自己越畸形；工人创造的对象越文明，工人自己越野蛮；劳动越有力量，工人越无力；劳动越机巧，工人越愚笨，越成为自然界的奴隶。"[②] 结果是，人（工人）在运用人的机能时，觉得自己只不过是"打工人"，劳动对劳动者本身的贡献，小于对资本家财富增值的贡献。"打工人"托起的是别人的事业，放下的是自己的梦想。

[①] 王博，俞海杰：马克思主义劳动观念视角下的"996"现象分析——兼论新时代劳动与发展的关系，《未来与发展》2019 年第 7 期。

[②] 马克思：1844 年经济学哲学手稿，人民出版社，第 54 页。

（三）"打工人"称谓象征劳动者对异化的妥协

"没有困难的工作，只有勇敢的打工人！"这种价值观是"打工人"概念的衍生品，也反映出大部分务工人员没有意识到"打工人"文化背后的劳动异化现象，更没有能力反抗这一现实。

"劳动对工人来说是外在的东西，也就是说，不属于他的本质；因此，他在自己的劳动中不是肯定自己而是否定自己，不是感到幸福而是感到不幸，不是自由地发挥自己的体力和智力而是使自己的肉体受折磨，精神遭摧残。因此，工人只有在劳动之外才感到自在，而在劳动中则感到不自在，他在不劳动时觉得舒畅，而在劳动时就觉得不舒畅。……因此，这种劳动不是满足一种需要，而只是满足劳动以外那些需要的一种手段。"[①] "打工人"以自嘲的口吻哀自己的不幸，却不争：不仅逃避劳动，还一边打鸡血，一边逃避自己在劳动中感到不自在这一现实。

异化劳动的根源是资本与劳动的分离，正是这一特性决定了劳动者即使内心抗拒，却不得不成为"打工人"。"异化劳动把这种关系颠倒过来，以致人正因为是有意识的存在物，才把自己的生命活动，自己的本质变成仅仅维持自己生存的手段。"[②] "打工人"出卖自己的劳动以获得报酬维持生活，这种模式确实有利于保障分配公平，但也正是

---

① 马克思，恩格斯：马克思恩格斯文集：第 1 卷，人民出版社，第 159—160 页。
② 马克思，恩格斯：马克思恩格斯文集：第 1 卷，人民出版社，第 162 页。

由于这条规律的普遍性，很容易使劳动者将劳动本身视为天经地义的赚钱手段，甚至将过度劳动[①]视为值得被称颂的美德。由于彻底将劳动单一地视为实现目的的手段，面对劳累的工作，人们冠上"打工人"的名号以麻痹自己的精神，一句"加油！打工人！"的背后，又有多少劳动者的呻吟与呐喊？

社交平台上还流传着一系列"打工人必备"表情包："不是工作需要我，而是我需要这份工作！""打工不仅能致富，还能交友娶媳妇""今天搬砖不狠，明天地位不稳"……都不约而同地反映出民众对务工性劳动的共识性认识——光鲜的白领和互联网大厂高薪程序员，表面轻松的脑力劳动者和风吹日晒的体力劳动者在本质上都是一样的，都面临着失业的风险，都努力成为老板需要的人。各行各业"打工人"的一切劳动为了生存，但也仅限于生存。

三、人应该怎样劳动

（一）个人层面

如果要为马克思的劳动哲学找一个主体，工人当之无愧。如上文所述，马克思笔下所描绘劳动者的形象是自由全面发展的"工作者"，同"打工人"形象格格不入。"打工人"的形象更贴近于资本主义私有

---

① 例如超负荷劳动、"加班文化"等。

制下的"工人"形象——生理上厌恶打工式劳动，但是精神上不得不接受它作为谋生手段。正是这种矛盾塑造了"打工人"的集体形象，他们迫于现实生活的压力，选择退守、自我安慰。如果"打工人"敢于挑战资本和权威，可能会换来更好的结果，为社会走向更高级形态提供动力。

马克思在《劳动在从猿到人转变过程中的作用》中说："劳动是整个人类生活的第一个基本条件，而且达到这样的程度，以致我们在某种意义上不得不说劳动创造了人本身。"[①] 如果人们在选择劳动类型时能够更多地考虑个人兴趣，而非金钱和地位，这种劳动将更有利于劳动者塑造出自由全面发展的自我，真正使得劳动促进人的解放，实现人的全面发展。

（二）制度层面

人是社会中的人，一些非主观因素可能导致劳动者丧失选择权，不得不成为"打工人"。因此，劳动者不仅需要制度来保障自身权利；还需要更广泛地接受教育，用出色的知识和技能来保障自己人生道路的选择权。

实现共产主义社会是解决"打工人困境"的最终途径。正如马克思和恩格斯合著《德意志意识形态》中描绘的那样："在共产主义社会

---

① 马克思,恩格斯：马克思恩格斯文集：第3卷，人民出版社，第988页。

里，任何人都没有特定的活动范围，每个人都可以在任何部门内发展，社会调节着整个生产，因而使我有可能随我自己的心愿今天干这事，明天干那事，上午打猎，下午捕鱼，傍晚从事畜牧，晚饭后从事批判，但并不因此就使我成为一个猎人、渔夫、牧人或批判者。"在这样的社会中，"生产劳动给每一个人提供全面发展和表现自己的全部能力即体能和智能的机会，这样，生产劳动就不再是奴役人的手段，而成了解放人的手段，因此，生产劳动就从一种负担变成一种快乐"①。

四、结论

劳动是人的本质，但是"打工人"的姿态正在让我们远离这个本质。笔者认为一方面，劳动者个人需要警惕资本的舆论控制和思想渗透，认识到"打工人"这个称谓背后反映的劳动异化实质，保有权利意识和斗争精神；另一方面，用工单位应当真正改善劳动者待遇，将保障劳动者权利落到实处，在劳动者的两个类型"工作者"和"打工人"中，让前者占据较大的劳动力比重，将有利于社会长效进步。

马克思主义的哲学性质能够回答"人应该怎样生活"这个重大问题，也深刻影响着我们看待世界的眼光。在面对复杂的社会现象时，马克思主义劳动哲学思想能够成为我们生活和思考的灵感之泉。

最后，引用马克思在《哥达纲领批判》中的一段话收尾："在劳动

---

① 马克思，恩格斯：马克思恩格斯文集：第 9 卷，人民出版社，第 311 页。

已经不仅仅是谋生的手段，而且本身成了生活的第一需要之后；在随着个人的全面发展，它们的生产力也增长起来，而集体财富的一切源泉都充分涌流之后——只有在那个时候，才能完全超出资产阶级法权的狭隘眼界，社会才能在自己的旗帜上写上：各尽所能，按需分配！"①

---

① 马克思，恩格斯：马克思恩格斯文集：第 3 卷，人民出版社，第 305—306 页。